KB033212

유홍준의 美를 보는 눈 I

국보순례

일러두기

1. 책 제목·회화집 등은《 》, 논문·글 제목·개별 회화·영화 등은〈 〉로 표시했다.
2. 문장 안에서 강조나 구별을 할 경우는 ' '로 묶었고, 문헌의 직접 인용은 " "로 묶었다.
3. 중국의 인명과 지명, 작품명 등은 우리의 한자음대로, 일본의 인명과 지명, 작품명 등은 일본어 발음대로 표기했다.
4. 도판 설명은 유물(유적) 명칭, 시대, 제원, 소장처(소재지) 순서로 표기했다. 단위는 cm를 기본으로 했다.
   문화재 지정 현황, 각 유물의 상세한 크기 등은 책 마지막의 도판목록 및 출처에 실었다.

유홍준의 美를 보는 눈 I

국보순례

눌와

'나라의 보물'을 순례하는 마음

이 책은 문화재로 지정된 국보, 보물만이 아니라 '나라의 보물'을 순례하는 마음'으로 쓴 글이다. 우리 마음속에 간직할 기념비적인 유물들을 하나씩 찾아가는 명작 해설이며, 우리들이 잊어서는 안 되는 명품들의 뒷이야기를 소개한 것이다. 전체를 놓고 보면《유홍준의 한국미술사 강의》의 낱낱 장면을 유물 중심으로 이야기한 것이다. 그러나 '한국미술사 강의'는 통사라는 틀을 벗어날 수 없고 미술사적 사항 이외의 이야기들이 들어갈 여지가 없다.

이에 반해 '국보순례'는 순례자의 느긋한 여유가 허용된다. 객관적 사실을 명확히 제공한다는 데는 차이가 없지만 시대와 장르를 넘나들면서 때로는 에세이 풍으로, 때로는 재미있는 이야기로 전개할 수도 있다.

명작 해설이란 결국 간결한 대중적 글쓰기에 다름 아닌데 이게 보통 힘겨운 것이 아니다. 본래 짧고 쉽고 간단하게 쓰는 것이 더 어렵다. 대중적인 해설이란 전문 지식을 대중의 눈높이로 낮추는 것이 아니다. 오히려 전문 지식을 대중들도 알아들을 수 있는 언어로 풀어내어 눈높이를 높이는 것이다. 피겨스케이팅에 비유하자면 '한국미술사 강의'는 선수권대회의 지정 종목이고 '국보순례'는 갈라쇼 같은 것이다.

이 책은 2009년 4월부터 조선일보에 매주 목요일마다 기고한 '국보순례'의 2년치 연재 분량 중 100회분을 묶은 것이다. 신문에 연재할 땐 반드시 200자 원고지 5.2매에 맞추어야만 했다. 그 원고들을 책으로 엮으면서 각 해설을 책 판형에 맞춰 약간 늘려 쓰고 유물에 따라서는 세 쪽 또는 네 쪽을 할애하기도 했다. 해설 맞은편에는 가능한 한 가장 좋은 유물사진을 실었다. 본래 미술사 책은 글 못지않게 도판이 중요하다. 도판만으로도 저자의 이야기를 전달할 수 있는 것이 미술사 책이다.

이번 책에서 필자가 특히 마음 쓴 것은 해외에 있는 우리 문화재 가운데 국보급이라 생각하는 유물들을 소개한 것이다. 일본의 경우는 아직도 찾아갈 곳이 많지만 미국과 유럽에 있는 중요한 유물들은 미술관별로 대략 일별해본 셈이다.

책이 나오게 되니 누구보다도 조선일보 문화부 식구들과 변용식 발행인에게 깊은 감사의 마음이 일어난다. 가끔 내게 왜 '국보순례'를 조선일보에 연재하냐고 묻는 분들이 있다. 그것은 조선일보가 내게 원고 청탁을 했기 때문이다. 이런 고정 칼럼을 제공한다는데 어느 신문인들 마다하겠는가. 특히 이 지면은 상당한 연륜과 권위를 갖고 있다. 나 이전에는 '이규태 칼럼'이 있었고, 더 거슬러 올라가면 문일평 선생의 '화하만필花下漫筆'도 있었다. 나로선 영광된 지면을 제공받은 것이다.

글, 사진, 편집 모두에서 까다롭기로 '악명' 높은 내 책을 맡아 예쁘게 만들어준 눌와의 김효형 대표, 변함없이 나를 도와주는 명지대 문화유산자료실의 김자우·김혜정 연구원, 신문에 글이 나가면 미세한 잘못을 지적해주었던 독자분들께도 깊은 감사의 뜻을 보낸다.

나의 '국보순례'가 언제까지 이어질지는 생각한 바가 없다. 나라에서 국보로 지정한 유물만도 약 400점에 이르니 아직도 갈 길이 한참 남았다. 또 어느 정도 순례를 마치면 두 번째 책으로 엮을 생각이다. 독자 여러분을 다시 만날 것을 기약하며 열심히 나의 명작 해설을 써갈 것이다.

2011년 7월
유홍준

차 례

그림
글씨

책을 펴내며   4

001   고려불화 '물방울관음'   12
002   고려불화 수월관음도   14
003   고려불화 지장보살삼존도   18
004   고려불화 오백나한도   20
005   안견의 몽유도원도   22
006   소상팔경도   26
007   학포 이상좌의 송하보월도   30
008   양송당 김지의 동자견려도   32
009   연담 김명국의 죽음의 자화상   34
010   오틸리엔수도원의 겸재화첩   36
011   능호관 이인상의 설송도   40
012   단원 김홍도의 병진년화첩   42
013   단원 김홍도의 삼공불환도   46
014   추사 김정희의 수선화   50
015   까치와 호랑이   52
016   박수근의 나무와 여인   54
017   원효대사진영   56
018   의상대사진영   58
019   울주 반구대 암각화   60
020   북한산 진흥왕순수비   64
021   황초령 진흥왕순수비   66
022   봉암사 지증대사적조탑비   68
023   혜초의 왕오천축국전   70
024   정조대왕의 행서시축   72
025   영천 은해사의 추사 현판   74
026   수자기와 바리야크 깃발   76

공예
도자

027	원삼국시대 쇠뿔손잡이항아리	80
028	원삼국시대 오리모양도기	82
029	백제와당	84
030	신라의 황금과 왕릉	86
031	신라의 금관	88
032	서봉총	90
033	황남대총	92
034	백제 금동대향로	94
◉	검이불루 화이불치	97
035	백제 왕흥사 사리함	98
036	익산 미륵사 서탑 출토 순금사리호	100
037	익산 미륵사 출토 금동향로	102
038	발해 삼채향로	104
039	에밀레종	106
040	백제 자단목바둑판과 상아바둑알	108
041	고려 나전칠기염주합	110
042	청자사자장식향로	112
◉	고려비색	115
043	태안 해저유물	116
◉	수중문화재	118
044	이성계 발원사리함	120
045	분청사기철화연꽃무늬항아리	122
046	백자청화매죽무늬항아리	124
047	백자청화망우대잔받침	126
048	피맛골 백자항아리	128
049	백자 '넥타이' 병	130
050	경매 최고가 도자기 백자철화용무늬항아리	132
051	백자철화포도무늬항아리	134
052	일본 도다이지의 백자달항아리	136
053	백자진사연꽃무늬항아리	138

조각
건축

054 일본 고류지의 목조반가사유상 142
055 '미스 백제' 규암 출토 금동관음보살입상 144
056 법정 스님 선방의 철불 사진 146
057 금강산 출토 금동보살상 148
058 수종사 금동보살상 150
059 불국사 석가탑 154
060 익산 왕궁리 오층석탑 156
061 불국사 대웅전 앞 석등 158
062 영암사터 쌍사자석등 160
063 장흥 보림사 162
064 쌍봉사 철감선사탑 166
065 연곡사 승탑 168
066 굴산사터 당간지주 170
067 경주 첨성대 172
068 경복궁 근정전 174
069 경복궁 영제교의 천록 176
070 근정전 월대의 석견 178
071 경복궁 빈전 180
072 궁궐의 취병 182
073 궁궐의 박석 184
◉ 입하의 개화 186
◉ 창덕궁 호랑이 187
074 종묘제례 188
075 조선왕릉 192
076 안압지 196
077 경주 사천왕사 198
078 안동 봉정사 대웅전 200
079 묵계서원 만휴정 202
080 보길도 부용동 204
081 남해 가천 다랑이논 206

해외
한국
문화재

082 영국박물관의 백자달항아리 210
083 쾰른 동아시아박물관의 나전칠기경상 212
084 기메동양박물관의 고려 장신구 214
085 기메동양박물관의 철조천수관음상 216
086 기메동양박물관의 철제압출여래좌상 218
◉ 기메동양박물관의 홍종우 220
087 호놀룰루아카데미미술관의 조선 목동자상 222
088 뉴욕 메트로폴리탄박물관의 용머리장식 224
089 뉴욕 메트로폴리탄박물관의 금동반가사유상 226
090 보스턴박물관의 고려 은제 금도금주전자 228
◉ 미국과 일본에 있는 고려청자들 230
091 시카고박물관의 청자백조주전자 232
092 시카고박물관의 분청사기물고기무늬편병 234
093 워싱턴 프리어갤러리의 청자표주박모양주전자 236
094 워싱턴 프리어갤러리의 분청사기 238
095 브런디지 컬렉션의 고려청자 240
096 샌프란시스코 동양미술관의 책거리병풍 242
097 이종문아트센터와 까치호랑이항아리 244
098 라크마의 오백나한도 246
099 클리블랜드미술관의 한림제설도 248
100 클리블랜드미술관의 무낙관 그림 250

도판목록 및 출처 252
List of Plates and Sources 258

고려불화 '물방울관음'

고려불화 수월관음도

고려불화 지장보살삼존도

고려불화 오백나한도

안견의 몽유도원도

소상팔경도

학포 이상좌의 송하보월도

양송당 김지의 동자견려도

연담 김명국의 죽음의 자화상

오틸리엔수도원의 겸재화첩

능호관 이인상의 설송도

단원 김홍도의 병진년화첩

단원 김홍도의 삼공불환도

추사 김정희의 수선화

까치와 호랑이

박수근의 나무와 여인

원효대사진영

의상대사진영

울주 반구대 암각화

북한산 진흥왕순수비

황초령 진흥왕순수비

봉암사 지증대사적조탑비

혜초의 왕오천축국전

정조대왕의 행서시축

영천 은해사의 추사 현판

수자기와 바리야크 깃발

그림
글씨

Painting · Calligraphy

001–026

001　　　　　고려불화 '물방울관음'

　　오늘날 고려불화는 한국미술사에서 가장 뛰어난 장르의 하나로 평가받고 있
지만 현재까지 확인된 약 160점의 고려불화는 대개 근래에 와서 새롭게 고증된
것으로 그 역사는 반세기도 안 된다. 다만 일본 센소지淺草寺에 소장된 〈수월관음
도水月觀音圖〉만은 '해동海東 치납痴衲 혜허慧虛'의 작품이라고 적혀 있어 일찍이 우
현 고유섭 선생의 〈고려시대 화적畫跡에 대해서〉라는 논문에도 언급되었다.

　　그러나 센소지는 '물방울관음'이라는 애칭으로 불리는 이 불화를 좀처럼 공
개하지 않았다. 1978년 야마토분카칸大和文華館에서 처음으로 열린 특별전에는 고
려불화 52점이 한자리에 모였지만 이 작품만은 출품되지 않았고 심지어는 1981
년에 아사히신문사에서 발간한 《고려불화》 호화도록에도 실리지 못했다. 2010년
국립중앙박물관이 '700년 만의 해후'라는 기치 아래 '고려불화대전'을 기획할 때
도 출품을 거부했다. 국립중앙박물관 측이 단지 유물의 존재 여부만이라도 확인
하게 해달라는 요청에 억지로 응했는데, 이 불화를 꺼내왔을 때 박물관장과 학예
원이 작품에 큰절을 올리는 것을 보고 감복하여 마음을 바꿨다고 한다. 그리하여
내 평생에 볼 수 없을 것이라고 포기했던 이 전설적인 명작을 실견할 수 있었다.

　　'물방울관음'은 과연 천하의 명작이었다. 다른 수월관음도는 법을 구하기 위
하여 찾아온 선재동자善財童子를 앉아서 맞이하는데, 이 '물방울관음'은 자리에서
일어나 오른손엔 버들가지, 왼손엔 정병을 들고 서 있는 구도다. 그 자세가 너무도
고아한데 신비롭게도 관음보살의 전신이 물방울에 감싸여 있다. 혹자는 이것을 버
들잎으로 보기도 하고 관음보살이 아니라 정취보살正趣菩薩이라고도 하지만 본래
의 도상이 무엇이든 현재의 시점에서는 '물방울관음'이라는 것이 너무도 잘 어울
린다.

　　본래 명작이란 사진 도판으로 익혀온 탓에 실제 작품을 보면 무덤덤하기 일
쑤다. 그러나 이 물방울관음은 달랐다. 예리한 선묘와 품위 있는 채색은 도판에선
전혀 느낄 수 없던 감동을 일으켰다. 나도 모르게 "아! 숭고하고도 아름다워라!"
라는 찬사가 절로 나왔다. 그리고 또 언제 볼 수 있을까 싶어 다시 들어가 하염없
이 바라보다 마지못해 박물관을 나왔다.

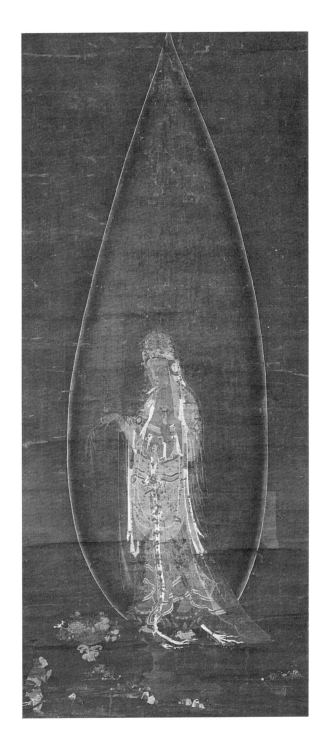

수월관음도
고려 14세기·142.0×61.5cm·일본 센소지

고려불화 수월관음도

고려불화가 우리 앞에 다시 나타난 것은 불과 40여 년밖에 안 된다. 1967년 일본의 구마가이 노부오熊谷宣夫는 〈조선불화징朝鮮佛畵徵〉이라는 논문을 통해 막연히 송나라 불화라고 알고 있는 70여 점의 불화들이 사실은 고려불화와 조선 초기 불화라는 것을 고증했다. 이를 계기로 1978년 야마토분카칸에서 고려불화 52점을 한자리에 모아 특별전을 개최함으로써 그 실체가 세상에 확인되었다. 그것은 한국 미술사의 일대 사건이었다.

이후 속속 고려불화가 발굴되어 현재까지 160여 점 정도가 알려졌다. 대부분 일본의 사찰과 박물관에 소장되어 있고 미국과 유럽 박물관에 10여 점이 소장되어 있다. 돌이켜보건대 30여 년 전만 해도 국내엔 본격적인 고려불화는 한 점도 없었다. 오직 국립중앙박물관에 소장된 오백나한도五百羅漢圖 7점뿐이었다. 그러나 삼성미술관 리움·호림박물관·아모레퍼시픽미술관·용인대학교박물관 등 사설 박물관과 개인 컬렉션이 외국에서 사들여 와 현재 고려불화 12점, 오백나한도 8점을 소장하게 되었고 그중 7점이 국보, 보물로 지정되었다.

고려불화들이 일본으로 건너간 것은 일찍이 수입해간 것도 있고, 여말선초에 왜구들이 약탈해간 것도 적지 않았던 것으로 추정된다. 사실 고려불화는 당대부터 유명하여 원나라 문헌에 "화려하고 섬세하기 그지없다"라는 기록이 있을 정도다. 고려불화라고 일컬어지는 그림들은 규슈九州 가가미진자鏡神社의 한 점을 제외하고는 절집의 대형 벽화가 아니라 폭 80cm, 높이 150cm 정도의 아담한 채색 탱화幀畵들로 대개 13세기 후반부터 14세기 전반까지, 그러니까 원나라 간섭기에 유행했던 그림들이다. 이 탱화들은 절집의 법당이 아니라 귀족들의 원당願堂에 장식되었던 것이 아닌가 생각된다. 요즘 저택 안에 작은 예배 공간을 모시는 것과 비슷한 신앙 형태이다. 그래서 유난히 화려하고 고급스럽다.

고려불화는 아미타여래도阿彌陀如來圖, 지장보살도地藏菩薩圖, 수월관음도 등 내세와 현세의 복을 구하는 구복신앙이 대종을 이룬다. 그중 고려불화의 진면목을 보여주는 것은 〈수월관음도〉이다. 이 〈수월관음도〉는 보타낙가산의 금강대좌에 반가부좌하고 앉아 선재동자를 맞이하는 모습을 그린 것으로 일정한 도상이

수월관음도
고려 14세기 · 106.2×54.8cm · 아모레퍼시픽미술관

수월관음도(일본 요주지 소장) 중 선재동자

있어 현재까지 알려진 35점이 거의 비슷한 구도로 되어 있다.

수월관음은 아름다운 무늬를 금박으로 수놓은 붉은 법의法衣에 흰 사라 (명주실로 거칠게 짠 비단)를 걸치고 반가부좌를 틀고서 용맹장부의 모습으로 앉아 있다. 곁에는 당신이 항상 지니고 다니는 정병淨甁에 버들가지를 꽂아 유리그릇에 받쳐 놓았고 등 뒤로는 시원스럽게 솟아오른 청죽 두 가닥, 발아래로는 흰 물결이 일렁인다. 불화 부분부분의 세세한 표현은 각 작품마다 약간씩 달라 일본 다이도쿠지大德寺 소장품에는 이채롭게도 동해용왕을 그려 넣었고 선재동자의 모습은 아주 귀엽게 폭마다 다르게 그렸다.

고려불화의 압권은 붉은 법의 위에 걸친 흰 사라의 표현에 있다. 그 기법이 얼마나 정교한지 속살까지 다 비친다. 곁에서 그림을 보던 한 중학생이 "야! 웨딩드레스를 입은 것 같다"라며 감탄하고 지나간다. 그리고 뒤이어 온 젊은 여성 관객은 '시스루 패션see through fashion'이라며 그 신기한 기법에 놀라움을 표한다. 수월관음의 우아한 자태와 화려한 복식 표현은 한국 미술사에서 잊을 수 없는 명장면이다.

수월관음도(일본 유린칸 소장) 중 오른팔 부분의 흰 사라

수월관음도(일본 단잔진자 소장) 중 거북무늬 붉은색 법의

보물 제1287호 〈지장보살삼존도地藏菩薩三尊圖〉는 고려불화 중에서도 아주 독특한 위치에 있는 명작이다. 이쯤 되면 예배 대상으로서의 지장보살도가 아니라 회화적으로 재해석된 작품이라는 생각을 갖게 한다. 본래 지장보살은 지옥에 빠진 중생이 모두 구제될 때까지 자신은 부처가 되는 것을 포기하여 삭발한 스님이나 두건을 쓴 모습으로 표현된다. 그리고 명부冥府의 세계를 주재하면서 염라대왕, 평등대왕 등 시왕十王을 거느리며 저승에 온 자를 49일간 심판하여 천상의 자리를 배정한다. 절에서 49재를 지내는 근거가 여기에 있으며 이 때문에 지장보살은 구복신앙으로 인기가 높았다.

대부분의 지장보살도는 독존상으로 표현되거나 20명이 넘는 권속眷屬들을 지장보살 무릎 아래에 밀집시킨 상하 2단 구도로 지장보살의 권위를 한껏 드높인다. 그러나 이 〈지장보살삼존도〉는 많은 권속 중 오직 비서실장격인 무독귀왕無毒鬼王과 도명존자道明尊者 둘만 거느린 간명한 구성이다. 고려불화로는 아주 예외적으로 좌우대칭에서 벗어난 동적인 구도를 하고 있다.

금강대좌 위에 반가부좌를 한 젊고 잘생긴 스님 모습의 지장보살이 오른손에 여의주를 들고 있는데, 왼편의 도명존자는 지장보살이 항시 지니고 다니는 고리가 6개인 육환장六環杖이라는 지팡이를 대신 받들고서 지장보살을 올려다보고 있다. 무독귀왕은 금으로 만든 경전합을 정중히 모시고 지장보살을 보필하고 있다.

화면에는 붉은색과 초록색이 주조를 이루는데, 복식에 두 색이 교차하며 어울리는 것이 절묘한 대비를 이루며, 지장보살의 발아래 초록빛 연잎 위로 봉긋이 솟아오른 하얀 연꽃봉오리가 아주 인상적이다. 붉은색이건 초록색이건 짙고 묵직한 느낌을 주기 때문에 지장보살이 받들고 있는 여의주와 둥근 귀걸이의 흰색도 눈부시게 빛나 보인다.

화면 아래쪽에는 사자 한 마리가 혀를 길게 내밀고 넙죽 엎드려 있어 절로 웃음을 자아내게 한다. 엄격하고도 경직된 불교 도상 체계를 스토리텔링으로 풀어낸 작품이다. 이처럼 능숙하게 구도를 변형시킨 고려불화는 이 작품 외엔 아직 보이지 않는다.

지장보살삼존도
고려 14세기 · 98.9×50.2cm · 개인 소장

고려불화 오백나한도

　고려불화 중에는 오백나한도 연작이 있다. 나한은 아라한阿羅漢의 준말로 고승을 일컬으며 고려시대에는 나한신앙이 성행하여 많은 나한도가 제작되었다. 그런 중 지금 전해지는 오백나한도는 새로 장황하거나 수리하여 각각의 크기가 약간씩 다르지만 본래는 모두 가로 45cm, 세로 65cm 똑같은 크기의 비단에 그린 수묵화로, 한결같이 국토는 태평하고 임금은 오래 살기를 기원하는 '국토태평國土太平 성수장천聖壽長天'이라는 명문이 있고 김의인金義仁이 그린 것으로 되어 있다.

　제작 연도는 반이 을미년이고, 반은 병신년이다. 을미년 다음이 병신년인데, 1236년인 병신년은 바로 팔만대장경이 제조되던 해이므로 이 오백나한도 연작 또한 고종 22년(1235)과 23년(1236)에 대몽항쟁의 의지를 담아 제작된 것으로 생각된다. 본래 500폭이었을 것이나 현재까지 한국, 미국, 일본 등에서 확인된 것은 14점이다.

　오백나한도는 폭마다 일련번호와 이름이 적혀 있고 저마다 독특한 얼굴과 성격을 갖고 있다. 혹은 나무 그늘에 앉아 조용히 경전을 읽고, 혹은 참선의 자세로 용맹정진하는 구도자의 모습을 보여주는 것도 있다. 그중 압권은 오래전부터 일본 이데미츠出光미술관의 소장품으로 알려져 왔으나 몇 해 전에 국내 개인 소장으로 돌아온 〈제329 원상주존자圓上周尊者〉이다. 씨름선수를 연상케 하는 우람한 체격으로 바위에 걸터앉아 한쪽 어깨를 드러낸 채 화면 위쪽 먹구름 속의 용을 뚫어져라 바라보며 눈빛으로 용을 제압하는 모습이다. 인체 데생이 정확하고 나한의 기백이 살아 있어 그야말로 기운이 생동한다.

　인물 묘사를 보면 아주 날카로운 필치를 구사하였고 옷자락의 표현도 강한 붓놀림이 아니라 가는 선묘로 윤곽을 잡고 그 속을 먹으로 채워 넣었다. 이런 기법을 철선묘鐵線描라고 하는데 후대의 수묵화에는 거의 나타나지 않는다. 이 작품에서 느껴지는 고격古格은 바로 여기에서 나오는 것이다. 현존하는 고려시대 수묵화가 전칭傳稱 작품 두어 점만 전하고 있음을 감안할 때 이 오백나한도는 잊힌 고려시대 감상화의 화풍을 여실히 보여준다. 이 작품이 특히 회화사적으로 크게 주목받는 것은 불화라는 종교화이면서도 수묵화의 성격을 명확히 띠고 있기 때문이다.

오백나한도 중 제329 원상주존자
고려 1235년·59.0×42.0cm·일암관

　　　　　안견의 몽유도원도

한국미술사 불후의 명작인 안견安堅의 〈몽유도원도夢遊桃源圖〉는 이제까지 국내에서 세 번 전시되었다. 1986년 국립중앙박물관이 옛 조선총독부 건물에 재개관할 때 보름간 전시된 것이 국내를 떠난 뒤 처음 공개된 것이고, 1996년 호암미술관의 '조선 전기 국보전' 때 두 달간 전시된 것이 두 번째이며, 2009년 '한국박물관 개관 100주년 기념 특별전'에 9일간 전시된 것이 세 번째다. 생각하기에 따라선 남의 유물을 가져가 놓고 빌려주는데 뭐 그렇게 인색하냐고 원망할 수도 있다. 그러나 소장처인 일본 덴리대天理大도서관은 상설전시는 절대로 하지 않고 대여해주는 일도 거의 없을 정도로 작품 보존에 엄청난 신경을 쓰고 있다.

안견이 안평대군安平大君의 청을 받아 이 그림을 그린 것은 1447년의 일이다. 그러니까 560년이 넘은 작품이다. 흔히 '견오백지천년絹五百紙千年'이라고 해서, 비단은 오백 년 가고 종이는 천 년 간다며 무생물도 수명이 있음을 말하곤 하는데 〈몽유도원도〉는 신기할 정도로 보존 상태가 완벽해서 마치 어제 그린 그림 같다. 몽유도원, 즉 '꿈속에 도원을 노닐다'라는 이 그림의 내력은 안평대군이 발문에 밝힌 바대로 그의 꿈 이야기를 그대로 그린 것이다.

정묘년(1447) 4월 20일 밤, 깊은 잠 속에 꿈을 꾸었다. 박팽년과 더불어 깊은 산 아래 당도하니 층층이 묏부리가 우뚝 솟아나고 깊은 골짜기가 그윽하고도 아름다웠다. 복숭아꽃 수십 그루가 있고 오솔길이 숲 밖에 다다르자 어느 길로 갈지 모르겠는데 산관야복山冠野服의 한 사람이 북쪽으로 휘어진 골짜기로 들어가면 도원이라고 하여 박팽년과 말을 달려 찾아갔다. 산벼랑이 울뚝불뚝하고 나무숲이 빽빽하며 시냇물은 돌고 돌아서 거의 백 굽이로 돌아 사람을 홀리게 한다. 골짜기로 들어가니 도화 숲이 어리비치고 붉은 안개가 떠올랐다. 박팽년은 참으로 도원경이라며 감탄했다. 곁에 두어 사람이 있어 짚신감발을 하고 실컷 구경하다가 문득 잠에서 깨었다. (……) 이에 안견으로 하여금 그리게 하였더니 3일 만에 완성되었다. 비해당의 매죽헌에서 이 글을 쓴다.

안견, 몽유도원도
조선 1447년 · 38.6×106.0cm · 일본 덴리대도서관 · 위: 도원경 부분, 뒤: 전도

　　그림의 구도를 보면 안평대군의 꿈대로 화면 왼쪽에서 오른쪽으로 갈수록 무게중심을 옮겨가면서 험준한 산세가 이어지고 그 사이로 흐르는 그윽한 시냇물을 따라가다 보면 마침내 아름다운 복숭아꽃이 핀 마을에 다다른다. 꿈 이야기를 다룬 작품이니만큼 구도가 몽환적이며 도원경의 느낌과 신선다움으로 가득하다. 필치는 강하면서도 부드러운데 비단 깊숙이 먹빛의 강약이 스며 있어 역시 명작은 세부 묘사가 아름답다는 생각을 갖게 한다.

　　더욱이 그림에는 안평대군의 제발題跋이 붙어 있고, 연이어 김종서, 신숙주, 이개, 하연, 고득종, 서거정, 정인지, 성삼문, 김수온, 박연 등 당대의 문인 20명의 제시題詩가 들어 있으니 새삼 그 가치를 말할 필요가 없다. 이는 미술사, 서화사를 넘어 문화사적으로 국보 중 국보라 할 만하다.

　　덴리대도서관도 그 가치를 잘 알고 있어 1980년대에 〈몽유도원도〉의 정밀한 복제본을 만들었다. 고구려의 화승畵僧 담징曇徵이 그린 호류지法隆寺의 금당벽화가 불타버렸지만 다행히 복제본이 남아 있었던 것을 전례로 삼은 것이라고 한

다. 10년 전 필자는 한국국제교류재단의 위촉으로 해외문화재를 조사할 때 덴리
대도서관 수장고에서 〈몽유도원도〉의 진본과 복제본을 한자리에서 배관拜觀한 적
이 있었다. 그때 도서관장이 두 점을 동시에 펴놓고 보여주는데 어느 것이 진품인
지 알 길이 없었다. 다만 시축詩軸에서 신숙주의 시 중 제8행에 '요지로 가는 길
路走瑤池'이라는 글귀를 보니 원본은 종이를 덧붙이고 땜질한 자국이 남아 있으나
복제본은 땜질 자국을 그림으로 나타내어 구별할 수 있었다. 귀신같은 복제술이
었다.

　　덴리대도서관은 웬만한 전시회에는 복제본을 대여해준다고 한다. 국립중앙
박물관에도 똑같은 복제본이 한 점 소장되어 있다.

소상팔경도

조선시대 회화사는 1550년 중종 연간까지를 초기, 이후 1700년 숙종 연간 까지를 중기, 그 이후를 후기로 시대 구분하고 있다. 초기와 중기를 가르는 화풍 상 큰 차이는 초기엔 소상팔경도瀟湘八景圖 풍의 산수화가 크게 유행하였는데 중 기에 들어와서 절파浙派 화풍으로 바뀌었다는 점이다. 때문에 소상팔경도에 대한 이해 없이는 조선 초기의 산수화를 말할 수 없다.

소상팔경도란 동정호洞庭湖의 남쪽 소수瀟水와 상수湘水가 합쳐지는 아름다 운 풍광을 이른 봄부터 늦은 겨울까지 여덟 가지 주제로 그린 대단히 서정적인 그 림이다. 북송의 송적宋迪이 처음 그린 것으로 알려져 있는데 이후 사계산수의 대 명사가 되어 뭇 화가와 시인들이 이를 따라 그리고 시로 읊었다.

초 봄	산시청람 山市晴嵐	푸른 기운 감도는 산마을
늦 봄	연사만종 煙寺晩鐘	안개 낀 절의 저녁 종소리
초여름	어촌석조 漁村夕照	어촌의 저녁노을
늦여름	원포귀범 遠浦歸帆	멀리 포구로 돌아오는 배
초가을	소상야우 瀟湘夜雨	소상강에 내리는 밤비
늦가을	동정추월 洞庭秋月	동정호의 가을 달
초겨울	평사낙안 平沙落雁	모래톱에 내려앉는 기러기 떼
늦겨울	강천모설 江天暮雪	저녁 무렵 산야에 내리는 눈

소상팔경도는 우리나라에서도 크게 유행하여 일찍이 고려 명종 때 이인로 가 이를 시로 읊은 바 있으며, 안평대군이 주도하여 꾸민《소상팔경시첩》은 보물 제1405호로 지정되어 있다. 국립중앙박물관에는 안견 그림으로 전칭되는 화첩이 있고, 국립진주박물관에는 김용두 씨가 기증한 조선 초기 8곡병풍이 있다. 전경 원의《동아시아의 시와 그림, 소상팔경》에서는 고려 이후 조선시대에 이르는 소상 팔경 관련 시가 600여 수나 소개되었다.

조선 초기 소상팔경도는 일본에 그대로 전파되었다. 무로마치시대에는 조선 의 발달된 문물을 수입하기 위하여 다이묘大名·번주藩主·사찰 등에서 수많은 상

제2경 연사만종   제1경 산시청람

작가 미상, 소상팔경도
조선 1539년·각 98.3×49.9cm·일본 다이겐지

제8경 강천모설   제7경 평사낙안   제6경 동정추월

인·승려·화가들을 조선에 보냈다. 그 결과 소상팔경도를 비롯한 조선 초기 그림들이 일본에 상당수 전해졌으며 일본의 화가들도 비슷한 화풍의 소상팔경도를 많이 남겼다. 그런데 당시에는 도서낙관을 분명히 하거나 화가의 이름을 적극적으로 남기지 않아 국적을 밝히기 힘든 작품도 상당수 있다.

그런 중 일본 히로시마의 다이겐지大願寺라는 고찰에는 명백한 조선 초기 소상팔경 8곡병풍이 전해지고 있다. 병풍의 뒷면에 손카이尊海라는 승려가 1538년에 대장경을 구하러 조선에 왔다가 이듬해에 귀국하면서 가져온 것이라는 사실이 적혀 있기 때문이다.

각 폭이 대각선 구도로 되어 있어 두 폭을 마주 대하면 쌍을 이루고 전경, 중경, 원경이 명확히 나뉘어 있으며 절벽 위에는 예외 없이 쌍송과 정자가 있고, 곳곳에 시회를 하는 인물들이 점경으로 묘사되어 있다. 제1경 산시청람에선 안개가, 제3경 어촌석조에서는 노을이, 제5경 소상야우에서는 비바람이, 제8경 강천

제5경 소상야우　　　　　　　제4경 원포귀범　　　　　　　제3경 어촌석조

모설에선 흰 눈이 강조되면서 사계산수의 멋과 운치를 한껏 보여준다. 필치엔 강한 묵법보다 부드러운 선묘가 많이 구사되어 화면 전체에 차분하면서도 조용한 서정이 일어난다.

　소상팔경은 이처럼 시정 넘치는 풍광을 묘사하고 있어 동정호수의 소강과 상강의 풍경을 넘어 서정적인 관념산수의 정형으로 발전했고, 조선 초기 산수화는 이를 바탕으로 발전하여 심지어는 계회도契會圖까지도 그 일부를 차용할 정도였다. 조선 후기 진경산수가 발달하면서 소상팔경도라는 관념산수는 후퇴했지만 이 전통은 사라지지 않아 판소리 춘향전과 민화에도 등장한다.

　근래에 일본에 있는 조선 초기 그림들이 국내로 많이 돌아왔다. 그러나 이 병풍만은 일본 중요문화재로 지정되어 돌아올 길이 막혀버려 지금도 이역의 산사에 고이 잠든 채 조선 초기 소상팔경도 화풍을 증언하고 있을 뿐이다.

007 학포 이상좌의 송하보월도

조선시대 회화사에서 안견 이래 최고의 화가를 꼽자면 단연코 학포學圃 이상좌李上佐이다. 어숙권의《패관잡기稗官雜記》에 의하면 이상좌는 본래 어느 선비의 가노家奴였으나 어렸을 때부터 그림에 뛰어나 중종의 특명으로 도화서圖畵署 화원이 되었다고 한다.

이상좌는 특히 인물과 초상에 능하여 1543년엔 예조에서 한나라 때 편찬된《열녀전烈女傳》을 국역할 때 삽화를 그렸으며, 1545년엔 돌아가신 중종의 어진御眞을 석경石璟과 함께 추모追模하여 그렸다고 한다. 또 1546년에는 공신들의 초상을 그린 공으로 원종공신原從功臣(정식 공신 등수 밖의 공신) 칭호를 받았으며 기녀 상림춘上林春의 요청으로 산수인물도를 그리기도 했다고 전한다.

그러나 유감스럽게도 그의 유작은 모두가 전칭뿐이다. 하지만 조선시대 도화서에 보관되었다는《화원별집畵苑別集》에 실린 〈낮잠〉이라는 소품, 일본에 전하는 〈월하방우도月下訪友圖〉를 비롯한 전칭 대작들 그리고 미수 허목이 1671년에 발문을 쓰면서 이상좌의 그림이라고 증언한《불화첩》(보물 제593호·삼성미술관 리움 소장) 등을 보면 그의 명성에 값한다. 월출산 도갑사에 있던 조선시대 불화의 최고 명작 〈관음32응신도〉 또한 그의 작품으로 추정된다.

국립중앙박물관에 소장된 〈송하보월도松下步月圖〉는 남송의 대가인 마원馬遠 풍의 산수화로 가히 명화라 할 만하다. 벼랑 위 멋들어진 소나무 아래로 난 길을 도포를 입은 한 선비가 동자와 더불어 거닐고 있다. 선비의 수염과 옷자락, 소나무 가지와 가지에 매달린 넝쿨들이 같은 방향으로 바람에 나부끼고 있어 화면상에는 강한 동감動感이 일어나는데 소나무 너머 저 멀리 화면 맨 위쪽에는 둥근 달이 떠 있다. 여백을 살린 대각선 구도로 대단히 시정적詩情的인 작품이다.

비록 전칭으로 불리지만 조선 전기에 〈송하보월도〉 같은 명화가 전한다는 것은 한국 회화사의 큰 위안이 아닐 수 없다. 이상좌 같은 전설적인 화가에 대해서는 마땅히 전기를 기술하는 것이 미술사가의 임무이고 도리이겠건만 그에 관한 자료가 이것뿐이니 안타깝기 그지없다.

이상좌, 송하보월도
조선 16세기 · 190.0×81.8cm · 국립중앙박물관

양송당 김지의 동자견려도

혹자는 조선 선조를 임진왜란을 겪은 무능한 임금으로 평하지만 그것은 재위 42년 중 마지막 8년간에 일어났던 불운이었을 뿐 후대인들은 오히려 목릉성세穆陵盛世라고 칭송했다. 목릉은 선조의 능이다. 실제로 목릉조에는 율곡 이이, 송강 정철, 서애 유성룡, 백사 이항복, 권율 장군, 이순신 장군 등이 있었다. 화가로는 양송당養松堂 김지金禔, 金禔(1524~1593), 글씨에서 석봉 한호, 문장에서 간이당 최립이 당대의 삼절三絶로 칭송되었다.

양송당은 과연 당대의 대가로 매너리즘에 빠진 기존의 서정적 소상팔경도 풍의 산수화를 벗어던지고 절파 화풍이라는 신풍을 일으켰다. 명나라 절강성 화가들이 일으킨 이 화풍은 묵법墨法을 많이 사용하여 먹의 쓰임이 강렬하고 스토리텔링이 있는 인간 중심의 산수화가 특징이다. 양송당은 이 두 가지를 모두 받아들였다.

그의 대표작인 보물 제783호 〈동자견려도童子牽驢圖〉를 보면 나귀와 동자 사이의 팽팽한 긴장을 그림의 주제로 삼고 있다. 본래 네발 달린 짐승은 본능적으로 땅이 아닌 곳은 밟지 않는다. 그래서 나귀는 한사코 나무다리를 건너지 않으려고 뒷걸음치고 동자는 어서 가자며 잡아끌고 있다. 이 상황의 표현이 아주 생생하여 그림 속엔 사실감과 인간미가 넘친다. 특히 양송당은 작품상에 낙관을 분명히 나타냈다. 숙종 때 남태응은 《청죽화사聽竹畵史》를 쓰면서 기록이 아니라 실작품으로 대가임을 보여주는 조선시대 첫 화가는 양송당이라 할 정도였다.

양송당은 연안김씨 명문 출신으로 좌의정을 지낸 김안로金安老의 넷째 아들이다. 그러나 14살 되던 1537년, 아버지가 역적으로 몰려 처형되는 바람에 출셋길이 막혀버렸다. 부친이 사약을 받던 날은 그가 장가가는 날이었다. 다행히 이 집안은 그림의 혈통이 있어 아버지는 《용천담적기龍泉淡寂記》라는 저서에서 국초國初의 그림에 대해 논한 바 있고, 큰형님도 그림에 능했다. 달리 살아갈 방도가 없던 양송당은 그림의 피를 받아 일생을 살았는데 오히려 한국 미술사의 대가로 이름을 남겼고 손자 또한 화가가 되어 연안김씨는 그림의 명문가로 남게 되었다.

김지, 동자견려도
조선 16세기·111.0×46.0cm·삼성미술관 리움

　　화가에게 있어서 술은 간혹 창작의 촉매제였다. 취옹醉翁이라는 호를 즐겨 사용한 17세기 인조 연간의 연담蓮潭 김명국金命國은 정말로 취필醉筆을 많이 남겼다. 사람들은 그를 주광酒狂이라고 불렀고, 실제로 그는 술을 마시지 않고는 그림을 그리지 않았다고 한다.

　　영남의 한 스님이 지옥도를 그려달라고 하자, 연담은 술부터 사오라고 했다. 그리고 번번이 술에 취하지 않아 그릴 수 없다며 술을 요구하였다. 그러다 마침내 그림이 완성되었다고 하여 스님이 찾아가보니 염라대왕 아래서 벌 받는 사람들을 모두 중으로 그려놓았다. 스님이 화를 내며 비단 폭을 물어내라고 하자 연담은 껄껄 웃으며 술을 더 받아오면 고쳐주겠노라고 했다. 스님이 술을 사오자 연담은 그것을 들이켜고는 중 머리에 머리카락을 그려 넣고 옷에는 채색을 입혀 순식간에 일반 백성으로 바꾸었다고 한다.

　　남태응의 증언에 의하면 연담은 술을 마시지 않고는 그림을 그리지 않았지만 술에 취하면 또 취해서 그릴 수 없어 다만 욕취미취지간慾醉未醉之間, 즉 취하고는 싶으나 아직 취하지 않은 상태에서만 명작이 나올 수 있었다고 했다. 연담의 명작으로는 취필이 분명한 〈달마도〉가 있다. 그러나 내가 가장 연담다운 작품으로 생각하는 것은 〈죽음의 자화상〉이다. 상복喪服을 입은 채 지팡이를 비껴 잡고 어디론가 떠나는 자의 뒷모습을 그린 것인데 그림 위쪽에 마구 흘려 쓴 화제畵題를 보면 저승으로 가는 자신의 모습을 그린 것임을 알 수 있다.

　　없는 것에서 있는 것을 만드는데將無能作有
　　그림으로 그렸으면 그만이지 무슨 말을 덧붙이랴畵貌已傳言
　　세상엔 시인이 많고도 많다지만世上多騷客
　　그 누가 흩어진 나의 영혼을 불러주리오誰招已散魂

　　동서고금에 자화상은 많고도 많다. 그러나 죽음의 자화상, 그것도 저승으로 표표히 떠나는 그림은 달리 찾아볼 수 없다. 연담에게 술은 창작의 촉매제이자 삶과 죽음을 초탈한 경지로 들어가게 한 묘약이었나 보다.

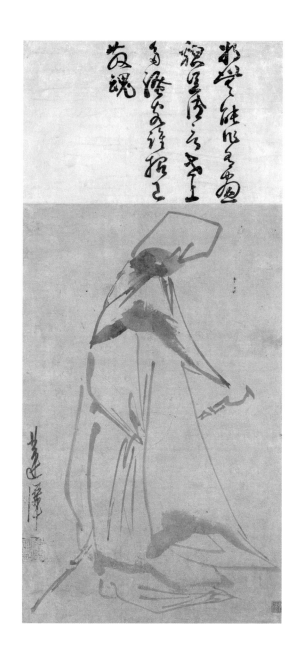

김명국, 죽음의 자화상

조선 17세기 · 60.6×39.1cm · 국립중앙박물관

오틸리엔수도원의 겸재화첩

겸재謙齋 정선鄭敾(1676~1759)은 진경산수眞景山水라는 한국적 산수화풍을 하나의 장르로 완성한 한국화의 화성畵聖이다. 2009년은 겸재 서거 250주년으로 국립중앙박물관에서는 '겸재 정선전, 붓으로 펼친 천지조화'라는 특별전이 열려 겸재 작품 142점이 출품되었다. 특히 이 전시회에는 독일 오틸리엔수도원에 소장되었다가 국내로 돌아온《겸재화첩》이 공개되어 그 의의를 더했다.

1925년, 독일 오틸리엔수도원의 노르베르트 베버 수도원장은 흑백무성영화 〈고요한 아침의 나라에서〉 촬영을 위해 조선에 왔을 때 금강산의 한 호텔에 머물면서 금강산 그림을 비롯한 흥미로운 그림 21점을 구해 귀국 후 화첩으로 만들어 수도원에 보관했다. 이런 사실은 1927년에 그가 펴낸《금강산에서》에 나온다.

이것이 겸재의 작품이라는 사실은 1976년, 당시 유학생이던 유준영(이화여대 명예교수) 씨가 이 책을 읽다가 수도원을 찾아가 보니 뜻밖에도 겸재의 화첩임을 확인하게 되면서 국내에도 알려지게 되었다. 이후 수도원은 화첩을 더욱 소중히 보관하였다. 크리스티 등 경매회사들이 50억 원을 제시하며 매매를 권하기도 했다. 그러나 수도원은 2006년 베네딕도회 한국 진출 100년을 맞아 왜관수도원에 영구 임대 형식으로 넘겨주었다. 이것이 이번 특별전에 처음으로 공개된 것이다.

화첩에 있는 21점의 겸재 작품 중 나를 매료시킨 것은 〈금강내산전도 金剛內山全圖〉와 〈함흥본궁송咸興本宮松〉 두 폭이었다. 겸재는 생전에 많은 금강산 그림을 그리면서 몇 폭의 내금강전도를 남겼다. 그는 이 그림에서도 보이듯 옛 지도를 그리는 방식의 부감법을 적극 이용함으로써 웅장한 금강산을 드라마틱하게 표현하는 데 성공했다. 35세 때인《신묘년화첩》만 해도 그 시각 구성이 다소 어설퍼 보였지만 59세의 〈금강전도〉에 와서는 완벽한 회화로 제시되었다.

환갑 무렵에 그렸을 것으로 추정되는 〈금강내산전도〉는 높은 고도의 비행기에서 내려다보는 듯한 시각 구성으로 마치 금강산을 수반 위에 올려놓은 듯 바닥부터 통째로 드러나게 하였다. 여기에 짙고 옅은 채색으로 토산土山과 골산骨山을 극명하게 대비시키고 준수한 봉우리 사이로는 계곡과 절집을 아련하게 묘사하여 세부 묘사가 아름다운 그림으로 만들었다. 겸재 진경산수의 진면목을 보여주는

정선, 금강내산전도
조선 18세기·33.0×54.5cm·성 베네딕도회 왜관수도원

명작이다.

겸재의 진경산수는 단지 조선의 실경을 감동적인 구도로 담아냈다는 점에 머물지 않는다. 나아가서 우리 산하의 화강암 골산과 조선 소나무의 특징을 잡아냄으로써 우리 산천의 멋을 성공적으로 표현했다. 사실상 조선 소나무의 멋을 그린 〈함흥본궁송〉에서는 노송의 품격을 실감나게 나타내기 위해 얼마나 심혈을 기울였는지를 여실히 보여준다. 그림이 사진과 다른 점은 실제와는 다르게 그렸음에도 보는 이로 하여금 실제보다 더 생생하다는 감동을 받게 하는 데 있다. 소나무 줄기를 여백으로 표현하고 솔가지 끝을 아무렇게나 처리한 것 같지만 노송의 늠름한 자태를 이보다 더 사실적으로 잡아내기는 힘들다. 모든 점에서 겸재는 누구보다도 진짜 사실성이 무엇인지를 알고 있던 대가였다.

겸재의 작품 세계와 미술사적 위치에 대해서는 누구보다도 겸재의 벗이었던 관아재 조영석이 일찍이 그의 《구학첩邱壑帖》에 붙인 다음 한마디로 요약된다.

그동안 우리나라 산수화가들은 중국 화본畵本에 나오는 방법을 따랐기 때문에 산세와 계곡이 여러 모습이어도 똑같은 필치로 그리면서도 그것을 제대로 인식하고 있는 자가 없었다. 그러나 겸재는 내금강·외금강을 드나들고 영남의 경승을 두루 편력하여 그 산세와 계곡의 형태를 다 알고 그리면서 스스로 새로운 화법을 창출하였으니 조선적인 산수화는 겸재에서 비로소 새롭게 출발하게 되었다고 할 수 있다.

이러한 점 때문에 우리는 겸재를 한국적 화풍의 창시자이자 완성자로 기리는 것이다.

정선, 함흥본궁송

조선 18세기·28.8×23.3cm·성 베네딕도회 왜관수도원

능호관 이인상의 설송도

눈이 많이 내렸다. 생활에 불편은 많았지만 눈다운 눈이 내렸다는 즐거움도 있었다. 세상엔 눈꽃보다 아름다운 꽃은 없다고 한다. 고궁으로 눈꽃 구경 갔다가 백설을 머리에 인 소나무를 보니 올해(2010년)로 탄신 300주년을 맞는 능호관 凌壺觀 이인상李麟祥(1710~1760)의 〈설송도雪松圖〉가 절로 떠올랐다.

바위 위에 솟아 있는 두 그루 노송이 눈에 덮인 모습을 그린 것으로, 한 그루는 낙락장송으로 곧게 뻗어 올라가고 한 그루는 옆으로 비스듬히 누워 있다. 단순한 소재지만 화면 상하좌우를 대담하게 생략하여 소나무의 늠름한 기상을 남김없이 보여준다. 동양화에서 설경을 그릴 때 쓰는 방식대로 여백 전체를 엷은 먹빛으로 채워 무거운 침묵이 감도는 엄숙한 분위기를 자아낸다. 한 점 속기俗氣 없는 고아古雅한 그림이다.

능호관의 설송도는 당대부터 이름 높았다. 연암 박지원의 《불이당기不移堂記》에는 이런 이야기 하나가 들어 있다. 어느 날 이공보가 능호관에게 잣나무 한 폭을 그려달라고 청하자 얼마 뒤 〈눈이 내리네雪賦〉라는 시를 전서체로 써서 주었다고 한다. 그러나 정작 부탁한 그림은 좀처럼 보내오지 않아 독촉했더니 능호관은 이미 주지 않았냐고 반문했다는 것이다. 그래서 이공보가 "그때 준 것은 글씨였지 그림이 아니었네"라고 하자, 능호관은 웃으며 "그 글씨 속에 그림이 다 들어 있네"라고 했다는 것이다. 이처럼 그의 그림에는 문인화만이 지닌 높은 차원의 미학이 들어 있다.

능호관은 스스로 말하기를 외형적인 형태보다 내면적 진실성을 중시하여 자연의 아름다움보다는 품격品格을 담아내는 데 무게를 두었다고 했다. 그래서 여간해서는 능호관 그림의 진수를 알아차리기 힘들다. 당대의 안목들은 우리에게 그의 예술에 감추어진 비밀을 말해주고 있다. 추사 김정희는 그의 그림에서 진실로 주목할 것은 문기文氣라고 했다. 영조 때 문인인 김재로는 능호관 그림의 묘처妙處는 농밀함이 아니라 담백함에 있고, 기교의 빼어남이 아니라 꾸밈없는 필치에 있다면서 이렇게 강조했다. "오직 아는 자만이 알리라."

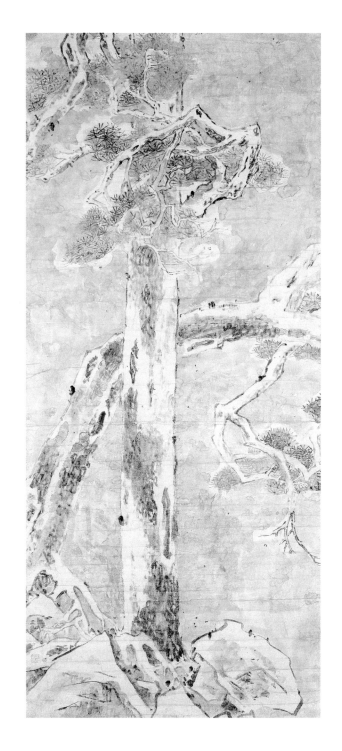

이인상, 설송도
조선 18세기·117.2×52.9cm·국립중앙박물관

012   단원 김홍도의 병진년화첩

    작아도 명화는 명화다. 중국 명나라 문인 동기창은 '소중현대小中現大'라며 "작은 것 속에 큰 것이 들어 있다"라고 했다. 삼성미술관 리움의 단원 소장품 특별전은 작은 기획전이었지만 모처럼《병진년화첩》(보물 제782호)이 전시되어 나를 오랫동안 진열장 앞에 붙잡아놓았다.

    단원 김홍도의《병진년화첩》은 그의 나이 52세(1796년)에 그린 산수화 10폭, 화조화 10폭을 두 첩으로 묶은 것이다. 그중에는 도담삼봉島潭三峰·사인암舍人巖·옥순봉玉筍峯 등 단양의 풍광을 그린 것이 많다. 이는 단원이 3년간 단양 옆 고을인 연풍의 현감을 지냈기 때문이다. 단원이 연풍현감으로 나간 것은 정조의 어진을 제작한 공으로 받은 벼슬이었다. 그러나 단원은 풍류 화가였지 행정력을 갖춘 인물은 아니었다. 결국 임기 말년에 '연풍의 행정이 해괴하다'는 보고가 있어 관찰사의 감사를 받고 끝내는 파직되고 말았다. 그때의 일을《일성록日省錄》에는 "단원은 천한 재주로 현감까지 되었으면 더욱 열심히 일해야 하는데 동네 과부 중매나 일삼고 토끼 사냥을 간다고 병력을 동원하였다"라고 기록되어 있다. 이것만이 파직 이유라면 단원으로선 좀 억울한 면도 있어 보이지만, 이로 인해 그가 모처럼 자유인이 되어《병진년화첩》같은 명화를 남기게 된 것은 한국 미술사를 위해서는 오히려 다행한 일이다.

    평민으로 돌아온 단원은 이때부터 맘껏 자신이 그리고 싶은 그림을 그렸다. 더 이상 초상화나 기록화를 제작하는 궁중의 회사繪事에 불려 나가는 일도 없었다. 때마침 단원은 50대에 접어들면서 원숙한 필치를 구사하고 있어 파직한 해에는《을묘년화첩》, 그 이듬해에는《병진년화첩》같은 명화를 그렸다. 이때부터 단원의 화풍은 확연히 달라졌다. 40대까지만 해도 그의 그림엔 화원다운 치밀함과 섬세함이 있었다. 그러나《병진년화첩》에 이르면 대상의 묘사에 생략이 많고 붓길이 빠르며 강약의 리듬을 능숙하게 구사하여 대가다운 면모를 유감없이 보여준다. 연풍현감 해직 이후가 사실상 단원 예술의 전성기였던 것이다.

    〈옥순봉〉에서는 화강암의 준봉이 절리節理현상으로 인해 수평수직으로 결을 이루는 것을 그의 독특한 준법皴法으로 묘사하면서 그 아래로 안개 낀 강변과

김홍도, 병진년화첩 중 옥순봉
조선 1796년 · 31.6×26.6cm · 삼성미술관 리움

강 위를 유람하는 배 한 척을 그려넣어 짙은 시정이 화면에 가득하다. 필치에 강약이 리드미컬하게 구사되었고 산봉우리와 산자락에 적당히 아름다운 소나무들을 배치하여 조선 산수의 그윽한 멋을 한껏 풍기고 있다.

〈도담삼봉〉은 부감법으로 위에서 내려다본 시각으로 구성했는데 여기에 강한 동세를 곁들여 도담삼봉이 사선으로 치닫는 듯하다. 헬기를 타고 지나가면서 영상으로 잡은 듯한 대담한 구도의 변형이 있어 차라리 현대적 구도라는 인상을 준다. 그러면서도 강 안쪽과 강 건너편 그리고 먼 산을 적절히 배치하여 우리 산천의 온화한 맛을 실수 없이 담아내었다.

〈버드나무 위의 새[柳鳥圖]〉는 더욱 현대적인 시각 구성을 보여준다. 흐드러진 갯버들 가지에 새 한 마리가 물가를 응시하고 있는데 냇물이 대각선으로 급하게 흐르다가 냇돌과 어우러지면서 여울을 이루고 있는 모습이다. 대담한 생략과 변형에서 우리는 단원의 대가다운 능숙한 면모를 엿보게 된다.

김홍도, 병진년화첩 중 도담삼봉
조선 1796년 · 31.6×26.6cm · 삼성미술관 리움

《병진년화첩》에서 본격적으로 구현된 단원 산수화와 화조화의 특징은 어떤 특수한 대상을 그리는 것이 아니라 평범한 소재를 택하면서도 우리 산천의 아늑하고 편안한 모습을 한 폭의 서정적인 공간으로 잡아냈다는 점이다. 그런 점에서 단원을 가장 조선적인 화가라고 일컫는다.

《병진년화첩》을 보면 단원의 그림은 대단히 부드럽다는 인상을 준다. 그러나 산이나 나무줄기를 묘사한 것을 보면 필치가 아주 거칠다는 것이 눈에 띈다. 속도감마저 느껴지는 붓놀림이다. 이는 그의 필력이 능숙할 데로 능숙해 있음을 말해주는 것으로 이처럼 스스럼없는 필치가 스스럼없이 구사될 때 단원은 가장 단원다웠다.

김홍도, 병진년화첩 중 버드나무 위의 새
조선 1796년 · 31.6×26.6cm · 삼성미술관 리움

013 단원 김홍도의 삼공불환도

단원檀園 김홍도金弘道(1745~1806년경)가 말년에 그린 〈삼공불환도三公不換圖〉를 오랜만에 다시 보게 되었다. 삼성미술관 리움이 자체 소장한 단원의 작품들을 전시하는 작은 특별전을 마련하면서 장기간의 보존처리를 마친 이 대작을 15년 만에 공개한 것이다. 이 작품의 오른쪽 아랫부분에 긴 상처가 있는데 이는 앞 소장가 집에 불이 날 때 탄 자국이다. 하마터면 이 명작을 화마가 삼킬 뻔했던 위급 상황이었기에 불행 중 다행이었다고 하지 않을 수 없다.

'삼공불환'이란 자연과 더불어 사는 평안한 삶을 영의정·좌의정·우의정의 삼정승 자리와도 바꾸지 않겠다는 뜻이다. 그림 왼쪽 위에는 단원과 절친했던 홍의영洪儀泳이 이 그림의 내력을 장문의 제발로 밝혀놓았다. 내용인즉 한韓씨 성을 가진 유수留守(아마도 강화유수 한만유)가 1801년 12월 임금님(순조)이 앓던 수두水痘가 쾌유된 것을 기념한다며 간부 세 사람에게 각기 갖고 싶은 그림을 말하라고 하자, 유수 한공과 홍의영은 〈신농씨가 치수하는 그림〉, 한 사람총제摠制은 〈꽃과 새〉 그리고 또 한 사람주판州判은 〈삼공불환도〉를 원하여 단원에게 이를 제작하게 해 나누어준 바, 바로 그 그림이라는 것이다. 홍의영은 이렇게 내력을 말한 다음 삼국지에도 나오는 유명한 문인인 중장통仲長統의 《낙지론樂志論》을 적어 넣었다.

> 살기 좋은 집에는 넓은 논밭이 있고, 산을 등지고 냇물이 흐르며 (……) 대나무와 수목이 두루 펼쳐져 있다. 타작마당과 채소밭이 집 앞에 있고 과수원이 집 뒤에 있다. 배와 수레가 있고, 심부름하는 이가 있어 육신이 쉴 수 있다. (……) 좋은 벗들이 모이면 술과 안주로 즐기고 (……) 맑은 물에 몸을 씻고 바람 쐬며 놀다가 (……) 시를 읊조리며 아름다운 곡도 연주하며 집으로 돌아온다. (……) 통달한 사람과 도를 논하며 고금의 인물을 평해본다. 책임질 일을 맡지 않고 천수를 다하면 우주 밖으로도 나갈 기분인데 어찌 제왕의 문으로 들어가는 것을 부러워하겠는가.

단원은 이 낭만적이면서 허허로운 주제를 그리면서 8폭병풍을 한 폭으로 삼아 폭 4.2m, 높이 1.4m의 대작으로 그렸다. 화면 왼쪽 절반은 평화로운 들녘과 강

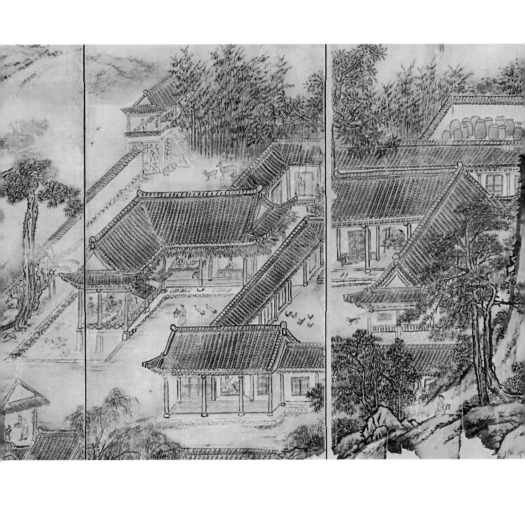

김홍도, 삼공불환도
조선 1801년 · 133.7×418.4cm · 삼성미술관 리움 · 위: 사대부 주택 부분, 뒤: 전도

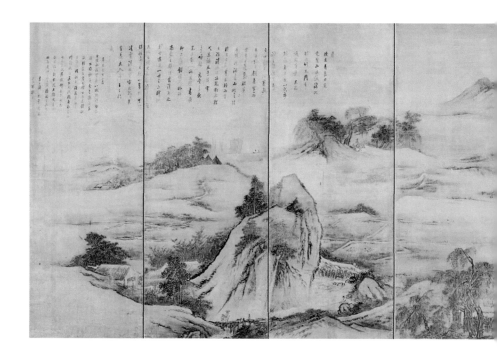

변 풍경이 있는 산수화로, 오른쪽 절반은 규모 있는 양반집의 넉넉한 일상적인 모
습을 담은 풍속화로 그려 단원의 특기인 산수화와 풍속화가 한 폭에 집대성된 명작
이 되었다.

　　화면 왼쪽의 산수화는 전경에 준수한 봉우리를 배치하고 먼 산을 한껏 뒤로
물러나게 설정하여 화제의 내용대로 좋은 논밭이 냇물과 산자락 사이로 아늑히
펼쳐지는 풍광을 아주 부드러운 필치로 그렸다.

　　화면 오른쪽 대갓집 모습은 아낙네의 베 짜기, 아이들의 글공부, 딸아이의 그
네뛰기, 친구와의 만남, 농사짓는 사람, 새참 나르는 사람, 집에서 기르는 개와 닭까
지를 향토적 서정이 넘치게 담았다. 인물의 몸동작이 정확하고 묘사가 섬세하여
'과연 단원이구나'라는 찬사가 절로 나온다. 단원 나이 57세의 무르익은 필치가
매 장면마다 유감없이 구사되었으니 단원의 명작으로 꼽는 데 아무런 거리낌이

없다. 이처럼 어떤 소재도 소화할 능력이 있고, 어떤 대폭이라도 감당할 수 있었다는 점에서 단원은 진실로 위대한 화가였음을 여기서 다시 한 번 확인하게 한다.

화제를 쓴 간재艮齋 홍의영(1750~1815)은 정조 7년(1783)에 문과에 급제하여 훗날 경기도암행어사 등을 역임한 문신으로 시와 글씨에 뛰어났다. 특히 단원의 그림에 화제를 많이 썼다. 〈삼공불환도〉 이외에도 〈병암진장첩〉, 〈기노세련계도〉에도 유한지의 전서 글씨와 함께 그의 글이 실려 있어 이들 세 명이 함께 자주 어울렸음을 보여준다. 연풍현감 이후 단원은 이처럼 당대의 문인들과 어울리면서 더욱 높은 화격畵格을 유지하게 되었음을 이 작품은 말해준다.

014 추사 김정희의 수선화

추사秋史 김정희金正喜(1786~1856)의 그림과 글씨는 후대에 사모하는 이가 많아 '완당탁묵阮堂拓墨'이라는 이름으로 여러 탁본이 간행되었다. 그중에는 〈수선화부水仙花賦〉라는 것이 있다. 여기에는 수선화를 노래한 청나라 호경의 명문을 특유의 추사체로 쓰면서 '몽당붓으로 아무렇게나 그렸다'는 수선화 그림이 실려 있다.

추사의 수선화에는 많은 이야기가 있다. 그는 24살 때 아버지(김노경)를 따라 연경에 가서 처음 이 청순한 꽃을 보고 신선한 감동을 받고는 그 뒤부터 아주 사랑하는 바가 되었다. 43세 때는 평안감사로 재직 중인 부친을 뵈러 평양에 갔다가 때마침 연경에 다녀오는 사신이 평안감사에게 수선화를 선물하자 아버지께 그것을 달라고 하여 짐꾼을 시켜 남양주 여유당에 계신 다산 정약용 선생에게 보냈다. 뜻밖의 선물을 받은 다산은 기쁜 마음에 〈수선화〉라는 시를 지었다.

신선의 풍모에 도사의 골격 같은 수선화가 우리 집에 왔다
지난날 이기양이 사신 길에 가져오더니
추사가 또 대동강가 관아에서 보내주었다 (……)
어린 손자는 처음 보는지라 부추 잎 같다고 하고
어린 여종은 마늘 싹이 일찍 피었다고 놀란다

다산은 시 끝에 부기로 추사가 평양에서 보낸 수선화 화분은 고려청자였다고 적었다. 추사는 다산을 그토록 존경하고 좋아했다.

그리고 1840년, 추사 나이 55세에 유배의 형벌을 받고 제주도에 와보니 지천으로 널려 있는 것이 수선화였다. 그러나 농부들은 보리밭에 나 있는 아름다운 꽃을 원수 보듯 파버리며 소와 말 먹이로 삼고 있었다. 추사는 하나의 사물이 제자리를 얻지 못하면 이런 딱한 일을 당하고 만다면서 처량한 감회가 일어 눈물이 나는 것을 금치 못하겠다며 애잔한 시 몇 수를 지었다. 자신의 처지를 이 버림받은 수선화에 비유했던 것이다. 그래서인지 추사의 수선화 그림에는 청초하면서 어딘지 쓸쓸한 분위기가 서려 있다.

김정희, 수선화부 탁본
조선 19세기 · 23.5×60.8cm · 제주 추사관

김정희, 수선화부(부분)
조선 19세기 · 21.8×205.2cm · 개인 소장

015   까치와 호랑이

    설날 옛 풍속 중에는 세배歲拜, 세찬歲饌, 세비음歲庇蔭(설빔)과 함께 세화歲畵
가 있었다. 세화는 설날 새벽에 잡귀가 들지 못하도록 대문에 액막이로 붙이는 벽
사도辟邪圖를 말한다. 성현의《용재총화慵齋叢話》를 보면 설날의 방매귀放枚鬼 행사
를 설명하면서 "이른 새벽 대문간에 처용處容, 종규鍾馗, 닭, 호랑이 등을 붙인다"
고 했다. 이 전통은 오랫동안 이어져 19세기에 풍속을 기록한 김매순의《열양세시
기洌陽歲時記》에서는 "도화서에서 세화를 그려 올린다. 금金장군, 갑甲장군을 그린
것은 궁궐 대문에 붙이고 신선 그림이나 닭 그림, 범 그림은 벽에다 마주 붙인다.
때론 왕의 친척이나 가까운 신하에게 하사하기도 한다"고 했다.
    도화서 화원들은 세밑이면 세화를 그리느라고 매우 바빴다. 1867년에 반포
된《육전조례六典條例》에는 화원의 임무 중 세화에 관한 사항이 별도로 나와 있다.
"차비대령差備待令(비상대기) 화원(26명)은 각 30장, 도화서 화원(30명)은 각 20장을
섣달 스무날까지 그려 바쳐야 한다"고 명시되어 있다.
    궁중의 풍속은 자연히 민간에도 전파되었다. 궁중의 세화는 권위적인 내용
을 정통 화가가 정통 화법으로 그린 것이지만 민간 세화는 모든 면에서 자유로웠
다. 그중 인기 있는 그림이 〈까치와 호랑이[虎鵲圖]〉였다. 호랑이는 온갖 잡귀를 막
아주는 벽사의 의미를 갖고, 까치는 기쁜 소식을 전해준다는 보희報喜의 의미를
지닌다. 민화 화가들은 까치가 호랑이를 골려주는 유머까지 담았다. 호랑이는 권
세를 가진 양반과 관리, 까치는 서민이라는 해석도 있다. 그중 에밀레박물관에서
소장하였던 〈까치와 호랑이〉는 현대적인 데포르메이션까지 보여준다.
    궁궐 대문부터 관아, 양반 저택, 민간에 이르기까지 세화를 붙이는 것은 설
날을 축제의 분위기로 만드는 데 한몫했음이 틀림없다. 시각 매체가 오늘날처럼
발달하지 않은 시절에 집집마다 색채 화려한 그림들을 붙여놓았으니 마치 거리의
전시장 같지 않겠는가. 경인년 호랑이해의 설을 맞이하자니 〈까치와 호랑이〉라
는 세화가 더욱 새롭게 다가온다.

민화 까치와 호랑이
조선 후기·91.7×54.8cm·에밀레박물관 구장

　　국보·보물은 100년 이상 된 유물을 대상으로 하므로 20세기의 근대문화재는 국가 지정 문화유산이 될 수 없다. 이를 제도적으로 보완한 것이 등록문화재다. 등록문화재는 50년 이상 된 유물을 대상으로 한다. 18세기 겸재 정선, 단원 김홍도, 19세기 추사 김정희 작품에 국보·보물이 있듯이 20세기 화가의 작품도 언젠가는 문화재가 될 것이다. 문화재청에서는 이에 대비하여 근대미술사학계에 검토·의뢰한 적이 있다. 거기에는 국민화가로 칭송되는 박수근(1914~1965)도 당연히 들어 있다. 미술사가들은 그의 대작에 속하는 60호(가로 97cm 세로 130cm) 크기의 〈절구질하는 여인〉과 〈나무와 두 여인〉을 등록문화재 대상으로 꼽았다.

　　그러나 박수근은 소품에 더 익숙했다. 생전에 대작을 할 기회가 적어 소품 속에 자신을 완벽히 표현해왔다. 박완서의 처녀작이자 출세작인 《나목裸木》이라는 소설은 한국전쟁 중 밥벌이로 PX에서 미군 병사들을 대상으로 손수건에 초상화를 그려주던 박수근을 모델로 하고 있다. 소설의 마지막은 이렇게 끝난다.

> 나무 옆을 두 여인이, 아기를 업은 한 여인은 서성대고 짐을 인 여인은 총총히 지나가고 있었다. 내가 지난날, 어두운 단칸방에서 본 한발 속의 고목枯木. 그러나 지금의 나에겐 웬일인지 그게 고목이 아니라 나목이었다. 그것은 비슷하면서도 아주 달랐다. 김장철 소스리 바람에 떠는 나목, 이제 막 마지막 낙엽을 끝낸 김장철 나목이기에 봄은 아직 멀건만 그 수심엔 봄의 향기가 애닯도록 절실하다.

　　갤러리현대에서 열린 '박수근 서거 45주기 유작전'에서 박완서 선생을 만나게 되어 소설 속 작품이 어느 것이냐고 물으니 〈나무와 여인〉(3호)이라고 가리켰다. 박수근 그림에 나오는 서민들의 모습은 하루를 넘긴다는 것 자체가 힘겨웠던 50년 전 우리네 삶의 표정인데 우리는 나목처럼 그것을 견디어냈고 그것을 그린 그림은 어느덧 문화재가 될 정도로 세월이 훌쩍 가버렸다는 얘기다.

박수근, 나무와 여인
1956년 · 27.0×19.5cm · 박수근미술관

원효대사진영

원효元曉(617~686)는 의상과 함께 신라 불교를 반석에 올려놓은 분이자 단군 갑자 이래 한국 지성사에서 첫 번째로 꼽히는 대학자이다. 그렇지만 전국 어디에 도 원효대사를 기리는 기념관이 없다. 그런 안타까운 가운데 국립경주박물관에서 는 신라 역사 인물전을 기획하여 첫 번째 전시로 '원효대사 특별전'을 열어 모처럼 당신의 일대기를 유물·유적과 함께 살펴볼 수 있었다.

원효는 의상과 함께 당나라로 유학가는 길에 한 무덤에서 잠이 들었다. 잠결 에 목이 말라 물을 달게 마셨는데 다음 날 아침에 깨어나 다시 보니 해골바가지에 담긴 더러운 물이었다. 이를 알고 급히 토하다가 "마음이 나야 모든 사물과 법이 나 는 것이요, 마음이 죽으면 곧 해골이나 다름이 없도다心生則種種法生 心滅則龕墳不二" 라며 "일체가 마음에 달렸다"는 '일체유심조一切唯心造'의 뜻을 크게 깨닫고는 유 학을 포기하고 유행승遊行僧이 되었다.

그는 《유심안락도遊心安樂道》에서 "정토의 깊은 뜻은 본래 범부凡夫를 위함 이지 보살을 위함이 아니다"라며 불교 대중화에 나섰다. 그런가 하면 《대승기신론 大乘起信論》을 비롯한 경전 해석에서 그를 따를 이가 없었다. 저술은 240여 편에 이른다. 그는 파계하여 "자루 빠진 도끼를 빌려주면 하늘을 떠받들 기둥을 베어오 겠노라誰許沒柯斧 我斫支天柱"고 노래하여 과부인 요석공주와 결혼해 설총이라는 아 들을 낳았다. 원효는 훗날 하나의 전설이 되어 전국 사찰 중 120여 곳이 원효 창 건으로 되어 있다.

이런 원효의 모습은 어떠했을까? '원효대사 특별전'에는 9폭의 원효대사진영 이 출품되었다. 이들 대부분은 19세기와 20세기에 그려진 일종의 상상화로 원효 대사의 원 모습과는 거리가 멀어 보인다. 오직 일본 고잔지高山寺 소장본만이 실제 의 이미지에 가깝다. 족좌에 신발을 벗어놓은 것부터가 고식古式이며 더부룩한 수 염과 검은 피부의 담대한 인상은 원효의 파격적인 행적에 아주 걸맞아 대사의 참 모습을 보는 듯한 감동이 일어난다. 고잔지에는 원효와 함께 쌍을 이루는 의상대 사의 진영이 있어 그 내력에 더욱 주목하게 된다.

원효대사진영
일본 무로마치 15세기 · 102.1×52.6cm · 일본 고잔지

일본의 고찰인 고잔지에는 원효와 의상義湘(625~702)에 관한 유물이 몇 점 전한다. 가장 유명한 것은 일본 국보로 지정된 〈화엄종 조사 회전華嚴宗 祖師 繪傳〉이라는 장장 30m의 두루마리 그림[繪圈]이다. 이 그림은 중국의《송고승전宋高僧傳》에 실린 원효와 의상의 일대기를 그린 애니메이션으로 고잔지를 창건한 묘에明惠(1173~1233) 스님이 평소에 흠모하던 두 분의 행적을 일본에도 널리 알리기 위해 제작한 것이다. 원효와 의상은 이처럼 국제적인 인물이었다.

묘에 스님은 당시 내전으로 생긴 많은 전쟁미망인들을 위해 절 아래쪽에 선묘니사善妙尼寺라는 여승방을 짓고 선묘의 조각상을 봉안하였다. 또 이 절에는 원효와 의상의 진영이 전하는데 1761년에 보수했다는 기록이 있어 최소한 무로마치 시대에 조성된 것으로 생각된다. 이 진영들은 당시 일본의 초상화 형식과는 전혀 다르다. 족좌에 신을 벗어놓고 의자 위에 가부좌를 한 도상圖像은 고려 내지는 통일신라 양식이다. 국립경주박물관 김승희 학예관은 제작처가 일본인지 우리나라인지 단정 지을 수는 없지만 당시까지 전해지던 두 분 진영을 그대로 모사한 이모본移模本으로 추정하며 원효와 의상의 원모습에 가장 가깝다고 했다.

진영을 보면 원효는 파계승다운 호방한 모습이고 의상은 고고한 귀인貴人의 자태로 그려져 두 분의 이미지에 너무도 잘 들어맞는다. '일체유심조'를 부르짖은 원효와 달리 의상은 화엄경의 '일즉다 다즉일一卽多 多卽一'의 원융圓融사상을 강조하면서 일심一心에 의해 만물을 통섭統攝하는 인식론을 전개했다. 원효는 인간의 개성을, 의상은 사회의 조화를 강조했던 바로 그 모습이 초상에 역력하다.

역사적 인물은 짝을 이뤄 등장하여 세상을 이롭게 했다고 한다. 두보와 이백, 퇴계와 율곡, 단원과 혜원처럼 원효와 의상은 라이벌이 아니라 시너지효과를 일으키며 신라 통일의 정신적 지주가 되었다. 특히 두 분의 진영은 앉은 방향이 반대여서 왼쪽에 원효, 오른쪽에 의상을 두면 마주 보는 모습으로 한 쌍을 이룬다. 분명 두 폭이 한 쌍이었을 것이다.

의상대사진영
일본 무로마치 15세기 · 166.7×63.8cm · 일본 고잔지

019   울주 반구대 암각화

　　국보 제285호 반구대 암각화가 보존 문제로 관계자들을 고민 속에 빠트리고 있다. 울산시 언양읍 대곡리에 있는 이 암각화는 1971년 태화강 상류에 식수를 위해 만든 사연댐 주변의 문화재를 조사하던 동국대 문명대 교수팀에 의해 발견되었다. 폭 8m, 높이 4m의 암벽에 고래·사슴·호랑이·멧돼지 등 동물 모습과 활을 쏘는 사람 등 인간 모습이 무려 230여 점이나 새겨져 있다. 이는 어로漁撈와 수렵狩獵으로 삶을 꾸려갔던 선사시대인들이 풍요를 기원하며 새긴 것으로 특히 46점에 달하는 고래 그림은 많은 신비감을 자아낸다.

　　발견 당시 미술사가와 고고학자들은 반구대 암각화의 제작 시기를 기원전 4세기 청동기시대로 추정하였다. 그러나 최근 지리학·지질학·식품영양학 등 자연과학자들은 시대를 훨씬 올려보는 주장을 내놓고 있다. 그 논거는 고래 그림이 단지 풍부한 식량감의 상징적 도상이 아니라 실제로 이곳이 고래잡이에 적합했던 시기가 있었다는 것이다.

　　선사시대 울산만의 자연환경은 바닷물이 태화강 중류까지 들어와 300m에 달하는 내만內灣이 형성되어 있어 지리학에서는 고울산만古蔚山灣으로 불린다. 울산은 예나 지금이나 고래가 자주 나타나는 곳으로 선사인들은 먹이를 따라 또는 얕은 바다를 찾아 고울산만으로 들어온 고래를 수심이 더 얕은 곳으로 몰아 '좌초'시킴으로써 효과적으로 잡을 수 있었다는 것이다.

　　암각화에 그려진 망보는 사람, 여러 명이 탄 배, 그물, 어책漁柵, 작살에 찍힌 고래 등은 실제 사냥 모습을 그린 것이라는 주장이다. 부산 동삼동 조개더미[貝塚]에서는 고래뼈가 상당수 발견되었음을 상기시키고 있다. 그렇게 고래잡이가 가능했던 지질학적 시기는 8천 년 전부터 3천 년 전 사이라고 하니 신석기시대에 해당된다. 연구는 이렇게 점점 깊어지는데 암각화는 날로 병들어가고 있다.

　　댐이 만들어짐으로써 암각화가 수몰된 지 35년이나 되었고 어쩌다 이른 봄 갈수기에 잠시 모습을 드러내면 그 보존 상태가 점점 나빠지는 것을 보게 된다. 댐을 다른 곳에 만들고 수몰로부터 구제하는 것이 최선이겠지만 그게 보통 일이겠는가. 무슨 대책이 없을까.

반구대 암각화

신석기 · 400.0×800.0cm · 울산 울주 대곡리 · 위: 고래 그림 부분, 뒤: 전체

020   북한산 진흥왕순수비

북한산 비봉의 진흥왕순수비는 지금 국립중앙박물관으로 옮겨졌고 원위치
에는 복제비가 세워져 사적史蹟으로서 장소적 의미만을 지키고 있다. 진흥왕은 신
라의 영토 확장사업을 성공리에 마친 뒤, 561년에는 창녕에 척경비拓境碑를 세우
고, 뒤이어 새로 편입된 한강 이북의 땅을 순수巡狩하면서 북한산과 함경도의 황
초령·마운령에 비를 세웠다. 진흥왕순수비의 비문은 대개 비슷한 내용이다.

세상의 도리가 진실에 어긋나고, 그윽한 덕화가 펴지지 아니하면 사악함이
서로 다툰다. 제왕은 왕위를 계승하고 스스로 삼가며 사방으로 영토를 개
척하여 백성과 토지를 널리 획득하니 이웃 나라가 신의를 맹세하고 화친을
요청하는 사신이 왔다. 이에 관경管境을 순수하며 민심을 살펴서 백성의 노
고에 보답하고자 하며 충성과 신의를 갖추고 재주를 다해 나라에 충절한
공을 세운 자가 있다면 벼슬을 올려주고 공훈을 표창코자 한다. 이때 왕의
수레를 따른 이는 법장法藏 혜인慧忍 등이었다.

문장은 대단히 유려하고, 글씨는 해서체로 질박하면서도 굳센 느낌을 준다.
청나라 말기의 강유위는《광예주쌍집廣藝舟雙楫》에서 역대의 서품書品을 논하면
서 이 비를 신품神品의 반열에 넣었다.

북한산 진흥왕순수비는 세월의 흐름 속에 마모되고 사람들의 뇌리에서 잊혀
엉뚱하게도 무학대사비라는 전설을 갖고 있었다. 그러다 1816년, 당대의 금석학자
인 추사 김정희는 31세 때 벗 김경연과 함께 이 비를 탁본해 연구한 결과 진흥왕
순수비라는 사실을 밝혀냈고 이듬해에는 벗 조인영과 다시 확인하고서 이 사실
을 비 측면에 기록해 두었다.

북한산 진흥왕순수비는 지붕돌까지 갖춘 격식 있는 비석이었다. 2007년, 복
제비를 세울 때 지붕돌의 깨진 조각이라도 수습하려고 샅샅이 조사했지만 끝내
실패하고 말았다. 그래도 어딘가에 잔편이 있으리라는 미련을 버릴 수 없어 나는
북한산에 갈 때마다 비봉 아래쪽을 서성이게 된다.

북한산 진흥왕순수비
신라 568년 · 비식 높이 155.5cm · 국립중앙박물관

021

황초령 진흥왕순수비

함경남도 장진군 황초령 꼭대기에 있던 진흥왕순수비는 신립 장군이 북병사로 있을 때 탁본을 해오면서 세상에 알려져, 17세기 한백겸의 《동국지리지 東國地理誌》와 낭선군 이우의 《대동금석첩大東金石帖》에 실려 있다. 그러나 100년 뒤 영조 때 지수재 유척기가 얻은 탁본은 비의 반쪽밖에 없었다고 한다.

다시 50년 뒤 정조 때 이계 홍양호는 이를 이상히 여겨 1790년 함흥 통판으로 부임하는 유한돈에게 황초령비의 존재를 확인해달라고 부탁했다. 몇 해 뒤 전해오기를 황초령은 함흥에서 갑산 쪽으로 200리 되는 곳에 있는데 조정에서 자주 이 비의 탁본을 요구하자 그곳 백성들이 벼랑 아래로 밀어뜨려 버렸다고 알려왔다.

이로부터 40년 뒤 북한산 진흥왕순수비를 발견한 추사 김정희는 1832년, 마침 절친한 벗인 권돈인이 함경도 관찰사로 부임하게 되자 황초령비의 파편을 찾아볼 것을 권유했다. 권돈인은 마침내 하단 부분을 찾아내어 관아로 옮겨 보존하였다. 이때 추사는 비편을 찾아낸 것은 경하할 일이지만 이 비는 제자리에 있어야 신라의 강역이 거기까지 미쳤다는 증명이 되며 책보다 돌덩이가 더 위대할 수 있다는 것은 이를 두고 한 말이니 다른 대책을 강구하라고 했다. 그러나 추사의 뜻대로 되지 않았다.

그리고 또 20년이 지난 1852년, 추사가 북청에서 두 번째 유배를 살고 있을 때 마침 후배인 윤정현이 함경도 관찰사로 부임해 오자 또 황초령비의 원위치 복원을 부탁했다. 윤정현은 황초령 고개 바로 아래에 있는 중령진中嶺鎭에 옮겨 놓으면서 "비를 세운 목적인 경계의 표시가 세월의 흐름 속에 잘못 전해지지 않게 한다"는 이건기를 새겨 넣었고 추사가 써준 '진흥북수고경眞興北狩古竟'이라는 현판을 걸었다. 이것이 황초령비 재발견 시말기이다. 이후 1931년에 이 고을 아이 엄재춘이 비편 한쪽을 개울가에서 발견하였고, 현재는 함흥역사박물관에 전시되어 있다. 그리하여 황초령비가 있던 곳은 다시 역사적 흔적이 사라지고 동네 이름만 진흥리가 되어 그 옛날을 증언하고 있다.

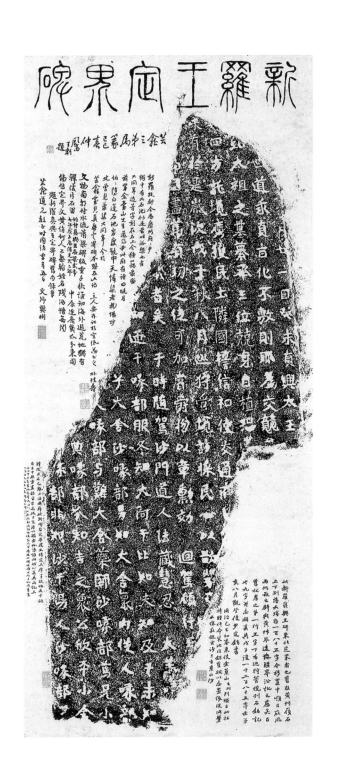

황초령 진흥왕순수비 탁본
신라 568년·비석 높이 115.0cm·서울대학교박물관

022

봉암사 지증대사적조탑비

문경 봉암사의 지증대사적조탑비智證大師寂照塔碑가 2009년, 보물 제138호에서 국보 제315호로 승격되었다. 지증대사(824~882)의 일대기를 담은 이 비문은 당대의 문장가 최치원이 짓고, 분황사의 83세 노스님 혜강이 쓰고 새겼다. 최상의 비석돌인 보령 오석烏石에 새긴 것이어서 천 년이 지난 지금까지 윤기 나는 까만 돌 속에 글씨가 하얗게 드러난다. 여초 김응현은 남한에 있는 금석문 중 으뜸이라고 했다.

지증의 본명은 도헌道憲이다. 불과 아홉 살 때 어머니의 만류를 무릅쓰고 부석사로 출가하여 구족계具足戒를 받고는 운수행각雲水行脚의 고행에 나섰다. 그런 중 숲길을 지나는데 나무꾼이 나타나 "먼저 깨친 사람이 그 깨달은 바를 나중 사람에게 나눠줌에 인색해서는 안 된다"며 사라졌다. 스님이 그 뜻을 받아 계람산 수석사에서 법회를 여니 대중이 대밭처럼 빽빽이 들어찼다고 한다. 스님의 명성이 높아지자 경문왕이 '새가 자유로이 나무를 고르듯이' 찾아와 달라고 초대했지만 "진흙 속에 편히 있는 나를 화려한 강물에 띄우지 마십시오"라며 응하지 않았다.

어느 날 문경에 사는 심충이라는 사람이 찾아와 희양산 봉암鳳巖계곡의 자기 땅에 절을 지어 달라고 하자 가서 보고는 "여기에 스님이 살지 않으면 도적의 소굴이 되리라"라며 절을 지었다. 이것이 바로 구산선문의 하나인 봉암사다. 헌강왕이 등극하면서 "좋은 인연은 같이 기뻐하고, 먼지구덩이는 온 나라가 같이 걱정해야 한다"며 스님의 가르침을 구하자 서라벌 월지궁月池宮(안압지)으로 가서 한차례 설법을 베풀었다.

다시 봉암사로 돌아가고자 하니 왕은 눈길이 미끄럽다며 한사코 붙잡다가 결국 가마 한 틀을 내주었다. 그러자 스님은 지팡이를 짚고 가며 병자가 생기거든 태우라고 했다. 그런데 도중에 자신이 병에 걸려 그 가마에 실려 절집으로 돌아와 이듬해 세상을 떠났다. 그의 죽음이 가져온 슬픔을 최치원은 이렇게 적었다. "오호라! 별들은 하늘나라로 되돌아가고, 달은 큰 바다에 빠졌도다星回上天 月落大海." 나라에서는 '지증'이라는 시호諡號와 함께 사리탑에는 '적조'라는 이름을 내려주었다. 그래서 이 비의 이름이 '지증대사적조탑비'가 된 것이다.

그림·글씨

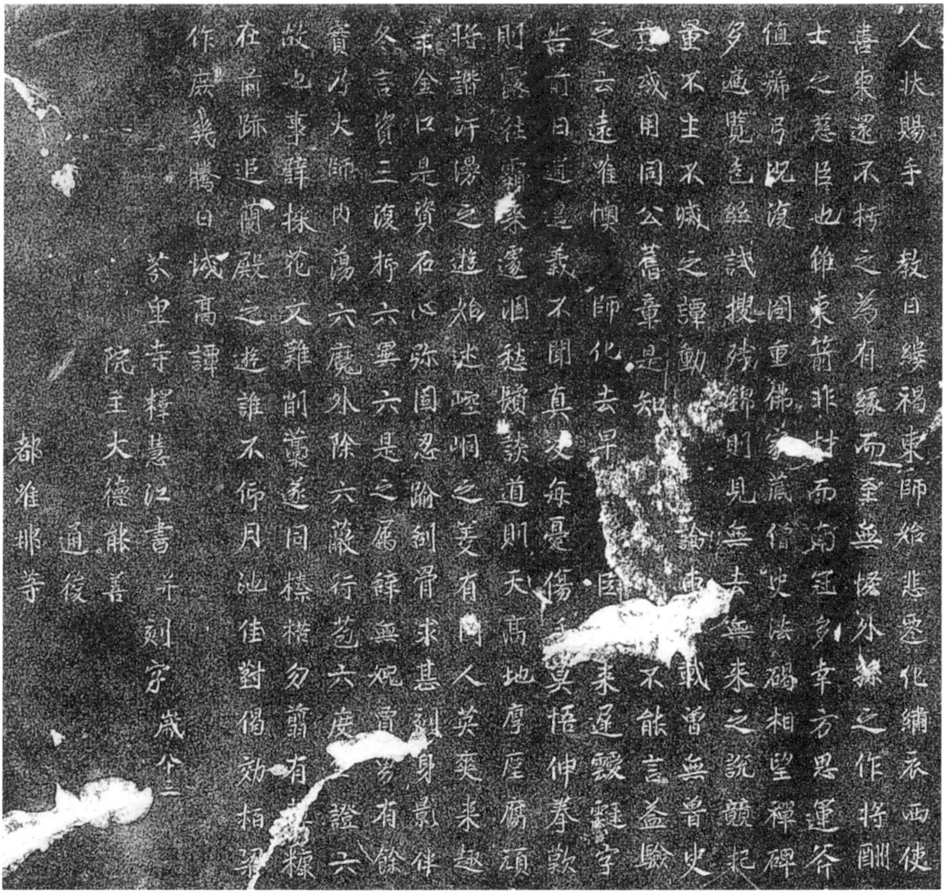

봉암사 지증대사적조탑비 탁본(부분)
통일신라 923년 · 비석 높이 273.0cm · 개인 소장

023   혜초의 왕오천축국전

혜초慧超의 《왕오천축국전往五天竺國傳》을 언제 또 볼 수 있을까 싶어 국립중앙박물관의 '실크로드와 둔황전'을 다시 가보았다. 1908년 프랑스의 펠리오 동양문화 탐사단이 둔황에서 발견한 지 100여 년 만의 귀국전이다. 혜초의 생몰년은 명확하지 않다. 분명한 것은 8세기 전반, 20대 나이에 뱃길로 인도로 건너가 약 4년간 오늘날 파키스탄, 중앙아시아 등 다섯 천축 나라의 8대 영탑靈塔을 두루 순례하고 파미르고원을 넘어 당나라 장안長安에 도착하여 이 글을 썼다는 사실이다.

《왕오천축국전》은 현장법사의 《대당서역기大唐西域記》에도 나오지 않는 오지의 성지순례라는 점에서 세계불교사와 기행문학의 한 고전이 되었다. 그러나 내가 여기서 받는 감동은 구법승求法僧으로서 혜초의 용맹과 고국에 대한 그리움을 네 편의 시로 읊은 인간적인 모습이다. 혜초는 달 밝은 밤이면 고향 서라벌이 더욱 그리웠다는데 어느 날 순례길에 티베트 승려를 만나서는 이렇게 시를 읊었다.

> 그대는 티베트가 멀다고 한탄하나
> 나는 동쪽으로 가는 길이 멀어 탄식하노라
> 길은 험하고 눈 쌓인 산마루는 아득히 높고
> 골짜기엔 도적도 많은데
> 나는 새도 놀라는 가파른 절벽
> 아슬아슬한 외나무다리는 건너기 힘들다네
> 평생에 울어본 기억이 없건만
> 오늘따라 하염없이 눈물이 흐르네

장안에 온 혜초는 서라벌로 돌아가지 않고 중국 밀교密敎의 제1조인 금강지金剛智와 제2조인 불공不空 밑에서 경전의 편찬과 번역에 매진하였다. 불공은 유언에서 밀교를 이어갈 여섯 스님 중 두 번째로 혜초를 지목하였다. 그는 통일신라가 낳은 자랑스러운 당대의 글로벌 지식인이었다. 이 육필본이 과연 혜초의 친필인가에 대해선 이론異論이 있지만 흐트러짐 없는 조용한 서체에는 스님의 높은 도덕과 따뜻한 인간미가 은은히 배어 있어 좀처럼 발길이 떨어지지 않았다.

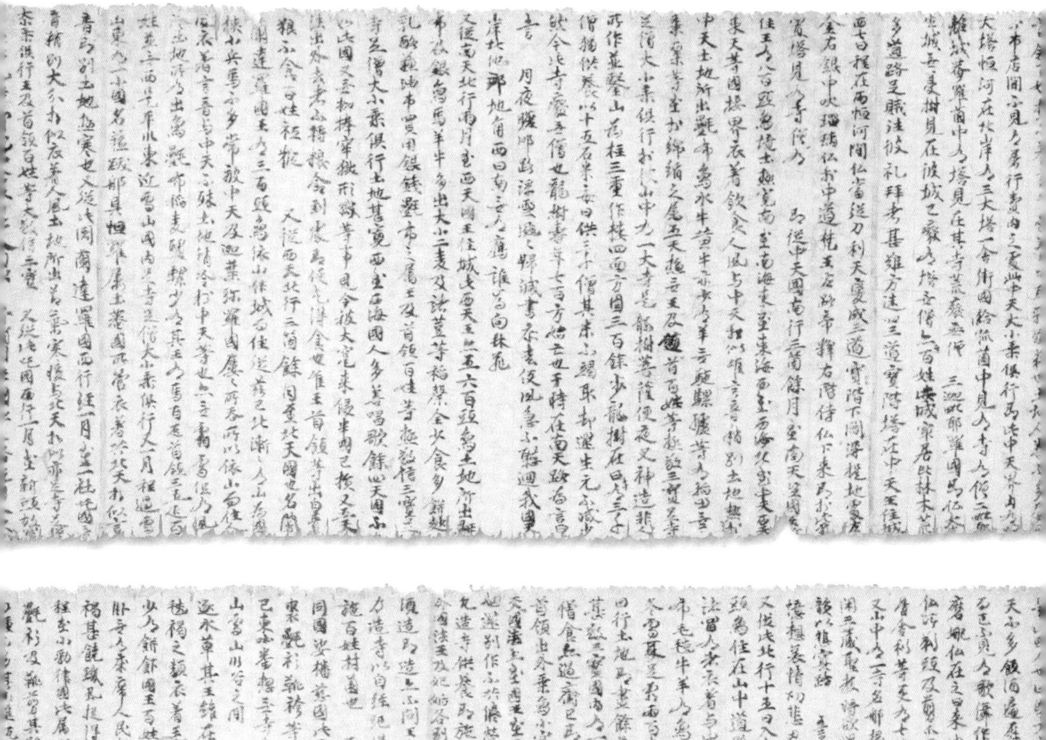

혜초, 왕오천축국전(부분)
통일신라 8세기 · 42.0×358.0cm · 프랑스국립도서관

정조대왕의 행서시축

석봉 한호의 글씨를 비롯한 서예 작품 20건, 40점이 보물로 새로 지정됐다. 안동 진성이씨 종가의 퇴계 이황 필적, 서산대사 행초서, 황기로黃耆老 초서, 안성 칠장사의 인목왕후 칠언시 그리고 숙종·정조의 어필 등이 포함되어 있다. 국보·보물로 지정된 서예 작품은 11점에 지나지 않아 국가지정 동산문화재(1287점)의 0.8퍼센트에 불과했지만 이제는 어느 정도 균형을 맞추게 되었다. 조선시대 4대 명필인 안평대군, 봉래 양사언, 석봉 한호, 추사 김정희의 작품 한 점 이상이 보물로 지정되었다.

이는 '일괄 공모' 지정이 낳은 성과다. 그동안 문화재 지정에는 절차상의 모순이 있었다. 국보가 되려면 먼저 보물이 되어야 하고, 보물이 되려면 소장자가 지방자치단체에 신청해야 한다. 신청하지 않은 유물은 심의 대상이 되지 않는다. 이로인해 아직 신청조차 하지 않은 보물급 문화재가 많다. 이에 몇 년 전부터 '일괄 공모' 방식이 도입되었다. 일정 분야의 유물들을 한자리에 모아놓고 심의하는 것이다. 이미 백자달항아리 5점, 조선시대 초상화 33점, 조선시대 고지도 35점이 보물로 지정됐고, 그중 두어 점이 국보로 승격됐다. 이와 같은 '일괄 공모'를 통한 지정방식은 공개되지 않던 문화재가 세상에 알려지는 계기가 됐고, 또 합리적인 상대평가를 내릴 수 있게 했다.

이번에 실시된 서예 작품 일괄 공모는 '조선 전기 대표적인 명필 11명의 작품및 왕과 왕비의 글씨'로 100건, 184점이 출품됐고, 신청되지 않았지만 이미 중요한 유물로 알려진 18건, 55점이 직권 조사로 함께 심의됐다. 이 중 정조대왕이 호남으로 부임하는 정민시鄭民始(1745~1800)를 위해 송별시로 써준 행서 칠언율시 〈신제학 정민시 출안 호남賑 提學 鄭民始 出按 湖南〉은 정조대왕의 서예적 기량을 유감없이 보여주는 명작이다. 정조대왕은 본래 행서에 능하기도 했지만 특히 이 시고는임금을 대신해 지방으로 떠나는 신하를 송별하는 술자리에서 쓴 것이어서 행서의 흐드러진 멋이 더욱 살아나 있다. 대왕의 40세 때의 작품으로, 모란과 구름무늬가 화려하게 새겨진 분홍 비단 바탕에 윤기 나는 좋은 먹으로 씌어 있어 어필만이 가질 수 있는 품격이 역력히 살아 있다.

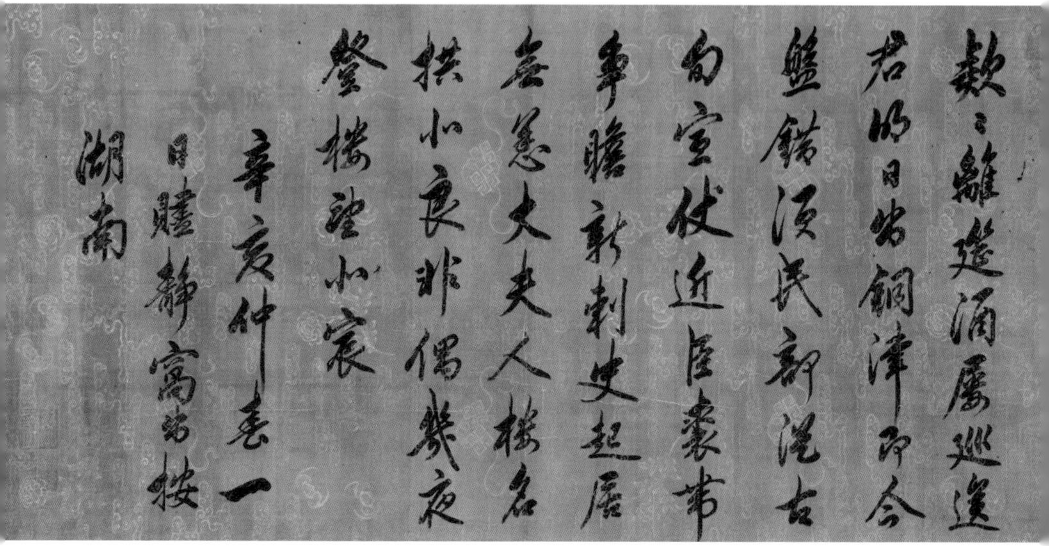

歘歘離筵酒屢巡

送君明日出銅津

卽今盤錯須民部

從古旬宣伏近臣

裘帶爭瞻新刺史

起居無恙大夫人

樓名拱北良非偶

幾夜登樓望北宸

辛亥仲春一日

矙靜窩出按湖南

정성스런 이별 자리 여러 순배 도는구나

그대 보내는 내일 동작진에 나가겠지

지금 복잡한 일은 모름지기 민생이니

예부터 지방을 돌아보는 일은 근신에게 의지했다네

가벼운 차림의 새 자사를 다투어 쳐다보고

대부인이 기거함에도 근심 없으리

누대 이름 공북루는 참으로 우연이 아니니

몇 밤이나 누에 올라 대궐을 바라볼는지

신해년 중춘(음력 2월) 초하루에

정와(정민시)의 호남 부임을 떠나보내며

정조어필, 정민시를 위한 송별시

조선 1791년·75.1×158.3cm·국립진주박물관

025　　　　영천 은해사의 추사 현판

　　팔공산의 명찰인 영천 은해사銀海寺는 조계종 25교구 본사 가운데 하나로 거느린 산내 암자만도 6개나 된다. 이 암자들은 웬만한 절집보다 규모가 크고 선방으로서 명성도 높으며 연륜이 깊어 백흥암百興庵의 수미단須彌壇, 운부암雲浮庵의 청동관음보살상, 거조암居祖庵의 영산전靈山殿과 오백나한상 등은 오래전부터 나라의 보물로 지정되었다.

　　그러나 은해사 절 자체에는 이렇다 할 불교문화재가 남아 있지 않다. 1847년 대화재로 극락전을 제외한 1천여 칸이 모두 불타버렸기 때문이다. 다행히 당시 주지였던 혼허混虛 스님이 3년여 동안 불사佛事를 일으켜 오늘날까지 그 사격寺格을 유지하고 있다. 이때 은해사에는 뜻밖의 문화재가 생겼으니 그것은 추사 김정희의 현판 글씨이다.

　　혼허 스님은 새 법당에 걸 현판 글씨를 모두 평소 가깝게 지내던 추사에게 부탁했다. 문루의 '은해사' 현판은 물론이고, 불전의 '대웅전大雄殿', 종루의 '보화루寶華樓', 조실 스님의 거처인 '시홀방장 十笏方丈', 다실인 '일로향각 一爐香閣', 백흥암에 있는 여섯 폭 주련柱聯 그리고 추사 글씨 중 최대작이라 할 '불광佛光' 등 모두가 추사의 작품이다.

　　특히 은해사의 현판은 추사체 형성 과정에서 중요한 기준작이 된다. 당시 추사는 9년간의 제주도 귀양살이에서 풀려나 용산 한강변[江上], 마루도 없는 집에서 간고한 나날을 보내고 있었다. 그러나 우리가 칭송해 마지않는 추사체는 바로 이때 완성됐다는 것이 정설이다.

　　은해사 추사 현판 중 특히 '불광'은 글씨의 구성에 능숙한 변형을 가한 추사체의 전형이다. 박규수의 평대로 '기氣가 오는 듯, 신神이 오는 듯, 바다의 조수가 밀려드는 듯'한 감동이 일어난다. 눈 있는 사람들은 이것을 반가워했다. 다산 정약용의 강진 유배 시절 제자인 이학래는 영천군수가 되자 은해사를 찾아와 한차례 이 현판들을 보고 놀라웠다고 했다. 최완수 선생은 "무르익을 대로 익어 필획의 변화와 공간 배분이 그렇게 절묘할 수 없다"라고 했다. 은해사는 가히 추사 글씨의 야외전시장이라고 할 만한 곳이다.

그림·글씨

74

김정희, 불광 현판
조선 1850년 추정·162.0×158.0cm·은해사

026　수자기와 바리야크 깃발

　　2011년 G20 정상회담을 계기로 1866년 병인양요 때 프랑스가 약탈해간 외규장각의 조선왕조 의궤들을 돌려받게 되었다. 그러나 그것이 '5년 단위 갱신更新 가능한 대여' 형식이라는 점에서 미진하게 생각하는 국민들도 있다. 사르코지 대통령은 어차피 돌려받을 생각이 없다고 말하면서 왜 뒤끝을 남겨 놓은 것일까.

　　우리는 1871년 신미양요 때 미군 함대와 맞서 싸우다 전사한 어재연 장군의 수帥자기를 2007년에 미국으로부터 반환받아온 바 있다. 이 깃발은 당시 미군들이 가져간 전리품으로 미 해군사관학교박물관에 소장되어 있었다. 우리 문화재청이 이 깃발의 반환을 요구하자 그들은 2년간의 임대로 10년까지 연장할 수 있다는 조건을 달고 빌려주어 지금 인천 강화역사박물관에 전시되어 있다. 문화재 반환에서 임대 형식은 하나의 국제적 관례로 굳어지고 있다. 이 관례를 깨는 것이 중요하다.

　　우리에게도 반환을 요청받고 있는 외국 문화재가 있다. 대표적인 예가 러시아 바리야크함대 깃발이다. 1904년 일본 군함 14척이 제물포항에 정박해 있던 각국의 함대들에게 철수할 것을 강요했다. 이때 러시아 바리야크함대는 일제의 강요를 거부했다. 그리고 항구에 피해를 주지 않기 위해 바다로 나아가 끝까지 항전하다 침몰했다. 이것이 러일전쟁의 발발 동기이다. 그때 장렬하게 항쟁한 바리야크 병사들은 '러시아의 영혼'이라 추앙받으며 "우리의 자랑스러운 바리야크는 적에게 항복하지 않는다"라는 비장한 노래까지 있다. 해마다 2월이면 러시아 해군은 인천항에 와서 추도식을 갖는다.

　　당시 일본군은 바리야크함대의 찢어진 깃발을 전리품으로 가져왔고 해방 후에는 인천시립박물관 수장고에 60년간 소장되었다. 러시아는 오래전부터 이 깃발의 반환을 요구해왔다. 그러나 우리는 돌려주지 않았다. G20 정상회담 때 마침내 송영길 인천시장은 메드베데프 대통령에게 '2년 대여' 형식으로 깃발을 전달했다. 이런 기회에 아무 조건 없이 반환하는 국제적 사례를 남기면 국익에 큰 도움이 될 수 있는 일이겠건만 우리 문화재보호법상 2년간의 임대만이 가능했다고 한다.

그림·글씨

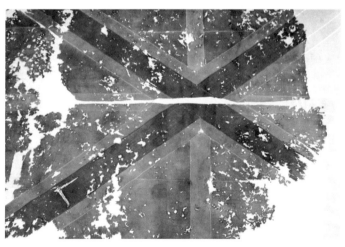

수자기
조선 19세기 · 430.0×413.0cm · 미국 해군사관학교박물관

바리야크 깃발
연대 미상 · 200.0×257.0cm · 인천시립박물관

원삼국시대 쇠뿔손잡이항아리

원삼국시대 오리모양도기

백제와당

신라의 황금과 왕릉

신라의 금관

서봉총

황남대총

백제 금동대향로

걷이블루 화이불치

백제 왕흥사 사리함

익산 미륵사 서탑 출토 순금사리호

익산 미륵사 출토 금동향로

발해 삼채향로

에밀레종

백제 자단목바둑판과 상아바둑알

고려 나전칠기염주함

청자사자장식향로

고려비색

태안 해저유물

수중문화재

이성계 발원사리함

분청사기철화연꽃무늬항아리

백자청화매죽무늬항아리

백자청화망우대잔받침

피맛골 백자항아리

백자 '넥타이' 병

경매 최고가 도자기 백자철화용무늬항아리

백자철화포도무늬항아리

일본 도다이지의 백자달항아리

백자진사연꽃무늬항아리

공예
도자

Crafts · Pottery

027-053

원삼국시대 쇠뿔손잡이항아리

박물관에 가면 '원原삼국시대'라는 표기가 있다. 한때 이것은 국회에서까지 문제가 된 적이 있다. 왜 우리나라 박물관에는 삼한시대라는 표기가 없고, 중·고 등학교 교과서에서 배운 적 없는 '원삼국시대'라는 말이 나와 학생과 일반인들을 혼동시키냐는 것이다. 당연한 문제 제기이지만 그럴 수밖에 없는 것이 우리 고고 학, 미술사학의 고민이다.

원삼국시대란 한반도에 본격적으로 철기시대가 전개된 기원전 1세기부터 3 세기까지를 일컫는다. 이 시기 한반도 북쪽에는 부여·동예·옥저가, 남쪽에는 마 한·진한·변한의 삼한이 존재하고 있었다. 그리고 부여에서 고구려가 갈라져 나왔 고, 고구려의 한 갈래가 백제를 낳았고, 진한의 사로국은 신라로 성장하고 있었으 며 낙동강 지역에서는 가야가 일어나고 있었다. 여남은 부족이 고대국가를 향하 여 치열하게 다투던 시기였다. 삼한시대도 아니고 삼국시대 초기만도 아니다. 결론 이 삼국시대였을 뿐이다. 그래서 고 김원용 선생은 삼국정립의 기원起原·proto-type 단계라는 의미로 '원삼국'이라는 시대개념을 제시하였다.

이 시기 문화의 체질적인 변화는 무엇보다도 질그릇에 뚜렷이 나타났다. 야 철술의 에너지 활용 기술을 토기 제작에 적용한 굴가마[登窯]는 1천 도까지 올릴 수 있어 종래의 토기에서 와질瓦質도기라는 회색 연질軟質도기로 바뀌었다. 이것 이 기원후 300년 무렵에 경질硬質도기로 발전한 것이 가야 도기와 신라 도기이다.

원삼국 도기 중에는 '쇠뿔손잡이항아리'라는 아주 특이한 질그릇이 있다. 어 찌 보면 멕시코나 잉카의 그릇처럼 생겨 우리나라에도 저런 그릇이 있었던가 의 아해하곤 한다. 이것을 한때는 '조합식우각형파수부호組合式牛角形把手附壺'라고 어 렵게 부르기도 했는데 간단히 말해서 목이 긴 항아리에 한 쌍 또는 서너 개의 쇠 뿔 모양 손잡이를 붙인 것이다.

쇠뿔손잡이는 기능보다도 쇠뿔 같은 힘을 보여주기 위한 의도적인 디자인적 변형이다. 기능만을 생각한다면 쇠뿔이 아래로 향해야 한다. 한마디로 질그릇에 서도 이처럼 디자인적 과장이 일어났던 것이다. 원삼국시대는 고대국가로 가기 위해 지배층의 권위가 한껏 강조되던 시기였다.

쇠뿔손잡이항아리
원삼국 2세기 · 높이 42.3cm · 호림박물관

028 원삼국시대 오리모양도기

원삼국시대 문화의 특징을 보면 본격적인 철기시대답게 무쇠로 만든 무기, 농기구, 마구馬具가 사용되었다. 판상철부板狀鐵斧라는 도끼 모양의 철괴가 화폐로 사용되기도 했다. 청동기시대의 상징이던 고인돌이 사라지고 다양한 묘제가 공존하였다. 인간의 생활 습관 중 가장 보수적인 것이 장묘제도다. 무덤 형식이 바뀌었다는 것은 사실상 생활문화가 다 바뀌었다는 것을 의미한다. 실제로 생활문화도 전에 없이 풍부해져 창원 다호리 유적에서는 각종 칠기와 붓이 나왔고, 광주 신창동 극락강변 유적에서는 현악기도 출토되었다.

앞 시기인 청동기시대만 해도 제관祭官·shaman은 몸치장과 주술만으로도 위엄이 넘쳤다. 그러나 원삼국시대에 이르면 지배층은 제기祭器 자체에서도 권위의 형식을 만들어갔다. 그만큼 사회가 커지고 성숙한 것이다. 이런 원삼국시대 제기 중에는 '오리모양도기'라는 아주 이색적인 그릇도 있다. 맵시 있는 오리 모양 그릇인데 높직한 굽이 있어 듬직한 느낌을 주며 등과 꼬리에 구멍이 있다. 오리모양도기는 제의祭儀에서 술주전자 또는 퇴주 그릇으로 사용되었다.

도기 몸체를 보면 분명 오리의 형상이지만 머리에 볏이 있어 한때는 닭 모양[鷄形] 도기라는 주장도 나왔다. 그러나 경주 사라리 유적에서 오리의 물갈퀴가 표현된 것이 출토되어 오리형인 것으로 확인되었다. 오리모양도기에서 아주 특이한 점은 오리의 눈을 사람의 귀처럼 옆으로 돌출시킨 것이다. 이런 추상적 변형으로 오리는 오리로되 신비로운 오리라는 느낌을 주면서 제의의 권위를 효과적으로 나타내었다.

때만 되면 날아왔다 때만 되면 날아가는 청동오리 같은 철새는 하늘나라의 메신저라는 생각에서 솟대로 표현했던 청동기시대의 전통이 원삼국시대로 들어와서는 오리모양도기로 나타난 것이다. 이런 도기는 1984년 영남대학교 바로 앞에 있는 압량동 고분에서 처음 출토된 이후 김해, 창원, 울산 등 영남지방에서만 40여 점이 발굴되었고, 출토지를 알 수 없는 것도 수십 점이 있다. 2011년 국립중앙박물관에서 G20 정상회담 만찬이 열릴 때 우리 문화를 상징하는 대표적 유물의 하나로 이 오리모양도기도 전시되었다.

오리모양도기
원삼국 3세기 · 높이 32.5cm(뒤) · 국립중앙박물관

029

백제와당

'2010년 세계대백제전' 행사의 일환으로 열린 국립부여박물관의 '백제기와 특별전'을 아주 흥미롭게 보았다. 전시회에는 백제시대 유적에서 출토된 와당瓦當들이 망라되어 있을 뿐만 아니라 고구려, 신라, 일본의 아스카시대, 중국의 남북조시대 와당들을 함께 비교 전시하여 각국의 비슷하면서도 서로 다른 모습을 한눈에 알아볼 수 있었다.

똑같은 연꽃무늬 수막새 와당인데 백제는 우아하고, 고구려는 굳세고, 신라는 화려한 느낌을 준다. 일본 기와는 디자인이 깔끔하고 중국 기와는 형태미가 강하다. 이것은 와당뿐만 아니라 삼국과 동아시아 미술 전반에 나타나는 미적 특징이기도 하다. 그것을 연꽃무늬 와당이라는 단일 주제로 놓고 보니 더욱 명확히 드러나는 것이 너무도 신기하고 유익했다.

삼국시대 건축에 언제부터 기와가 나타났는지는 명확치 않지만《삼국사기》고구려 미천왕조를 보면, 그는 어려서 신분을 감추고 수실촌의 한 부잣집에서 머슴살이를 했는데 집주인이 아주 못되게 굴어 어떤 때는 개구리 소리가 시끄러워 잠을 못 잔다며 어린 을불(미천왕)에게 밤새도록 연못에 '깨진 기왓장'을 던지게 했다고 하니 그 이전부터 기와가 있었던 것이 분명하다. 아마도 원삼국시대 와질도기가 나타나는 1세기 무렵부터 만들어졌을 것으로 생각되는데, 삼국 중 백제 기와가 단연 돋보인다.

백제는 장인을 사회적으로 우대하여 기와 잘 굽는 와공瓦工을 와박사瓦博士라고 했다. 많은 와박사가 아스카시대 일본에 파견되었고 신라 황룡사 건축에 초빙된 백제의 아비지는 와박사를 대동하고 갔으니 신라와 일본 와당에 백제의 영향이 나타나는 것은 아주 자연스런 일이다.

백제와당의 백미는 8판 연꽃잎을 보드랍게 공굴리는 형태미에 있다. 유연한 볼륨감을 강조하기 위하여 가볍게 테두리를 두르기도 했고 봉긋이 솟은 모습을 위하여 귀꽃을 살짝 뾰족이 세우기도 했다. 공굴림이나 귀꽃이 더 강했다면 그런 우아함은 느낄 수 없었을 것이다. 백제 와박사들은 디자인의 절제라는 것도 잘 알고 있었던 것 같다.

백제와당
백제 7세기·지름 10.7~19.0cm·국립중앙박물관

030

신라의 황금과 왕릉

신라는 황금의 나라였다. 신라는 금이 풍부하고 가공기술이 뛰어나 일본 기록에는 '눈부신 금과 은의 나라'라는 표현이 나온다. 9세기 중엽의 이슬람 기행문인 이븐 쿠르다지바의《도로와 왕국 총람》에서는 "중국의 맨 끝에 신라라는 산이 많은 나라가 있다. 그 나라는 금이 풍부하다. 이슬람교도들은 이 나라의 이런 이점 때문에 영구 정착하고 있다. 그러나 그너머 동쪽에 무엇이 있는지는 아직 모른다"라는 기록이 있다. 그러나 세월이 흐르면서 이런 사실은 까맣게 잊혀졌다.

신라의 황금이 다시 세상에 알려진 것은 일제강점기에 들어오고부터였다. 일제는 1918년 창녕 교동에서 9기의 고분을 2년에 걸쳐 발굴한 뒤 마차 20대와 화차貨車 2대에 유물을 실어 갔다. 그때 출토된 금동관, 금귀걸이들은 지금 도쿄 국립박물관 오구라小倉기증실에 전시되어 있다. 그러나 경주에서는 별 성과가 없었다. 거대한 신라 고분 하나를 발굴했으나 검 몇 자루만 출토되어 실망하고 검총劍塚이라는 이름을 붙이고 끝냈다. 그때 그들은 고분의 내부까지 파 내려간 것이 아니라 무덤이 완성된 뒤 제사 지내고 묻은 추가 부장품만 발굴했던 것이다.

그러다 1921년 9월, 경주 시내 노서동의 한 민가에서 증축공사를 하던 중 돌무지덧널무덤[積石木槨墳]이 발견되어 긴급히 발굴에 들어갔다. 이 고분이 바로 금관총金冠塚이다. 금관총에서는 금관을 비롯하여 순금팔찌 12점 한 세트, 금제 허리띠, 유리그릇, 굽은옥[曲玉] 등 각종 금은 장식품과 더불어 도기가 1만 점이나 나왔다. 금제품의 총량은 7.5kg이었다. 신라의 황금이 세상에 드러나는 일대 사건이었던 것이다.

금관총을 계기로 일제는 경주 시내에 있는 왕릉들에 155호분까지 일련번호를 붙였고, 이후 발굴한 서봉총, 금령총에서도 금관이 출토되었다. 해방 후 1971년 경주역사관광지구 종합개발계획을 세우고 가장 규모가 큰 쌍분인 98호분을 발굴하기로 하면서 작은 155호분을 먼저 시험 발굴하였다. 그런데 뜻밖에도 여기서 금관과 천마도가 출토되었다. 이것이 천마총이다. 98호분에서는 기대대로 금관과 5만 8천여 점의 유물이 쏟아져 나왔다. 이것이 황남대총이다. 신라는 왕릉의 나라, 황금의 나라였다.

대릉원의 신라 고분군
신라 4~5세기경·경북 경주 황남동

031

신라의 금관

신라 금관은 현재까지 모두 6점이 출토되었다. 그중 5점은 금관총, 서봉총, 금령총, 천마총(155호분), 쌍분인 황남대총(98호분)의 북분北墳에서 발굴되었고 1점은 경주 교동에서 도굴된 것이다. 교동에서 도굴된 금관은 최 모라는 사람이 1960년대에 3년간 땅굴을 파 도굴한 것으로 매매 과정에서 압수된 것이다.

신라 금관은 둥근 테에 나뭇가지를 추상화시킨 출出자 모양의 세움장식[立飾]과 지그재그로 뻗은 사슴뿔 모양을 한 쌍씩 덧붙인 것이 기본형이며 여기에 수십 개의 순금 영락瓔珞(구슬을 꿰어 만든 장신구)과 파란 굽은옥의 달개장식이 달려 있다. 그리고 관테 양옆에는 귀걸이 모양의 드림이 두서너 가닥씩 곁들여 있다. 그래서 세계 역사상 나타난 어느 왕관보다도 화려하고 장엄한 구성미를 보여준다.

신라 금관이 곧 왕관은 아니다. 이 6점의 금관은 4세기 중엽부터 5세기 후반의 이른바 마립간시대 유물로 이 시기 마립간은 나물·실성·눌지·자비·소지 등 김씨 5명에 불과한데, 서봉총은 여자의 무덤이고, 금관총은 15살 전후의 아이 무덤이다. 더욱이 부부합장의 황남대총을 보면 남자무덤(남분)에서는 금동관이, 여자 무덤(북분)에서는 오히려 금관이 출토되었다. 그래서 신라 금관은 시조始祖와 하늘에 제사를 지낼 때 제관이 쓰던 것이라는 주장도 있다.

금관은 피장자가 생전에 머리에 쓰던 것도 아닌 것으로 보인다. 본래 신라의 관모冠帽는 고구려, 백제와 마찬가지로 삼각형 고깔모자에 금·은·동의 새 날개 또는 쇠뿔 모양 장식을 달았다. 금관이 고분에서 출토되는 상황을 보면, 지금 박물관에 있는 것처럼 세움장식들이 활짝 펼쳐져 있는 것이 아니라 머리 위 꼭짓점에서 세모뿔 모양으로 뭉쳐 있었다. 게다가 금관의 테두리는 머리에 얹혀 있는 것이 아니라 인골의 턱 아래쪽까지 내려와 얼굴 전체를 감싸고 있었다. 신라 금관은 부장용으로 만든 위세품威勢品이었다. 그러다 왕권이 강화되어 더 이상 거대한 무덤과 금관으로 위세를 부릴 필요가 없어지고 불교가 공인되는 6세기 초 법흥왕 이후로는 다시는 나타나지 않았다.

황남대총 북분 출토 금관
신라 5세기·높이 27.3cm·국립경주박물관

032

서봉총

금관총에서 금관이 출토되자 신라 고분에 대한 일제의 관심이 높아졌다. 그리하여 3년 뒤인 1924년에는 금관총 옆 고분 두 기를 발굴하였는데 한 곳에서 또 금관이 나왔다. 이 무덤에서는 유명한 기마인물모양도기와 특이한 금방울[金鈴]이 출토되어 금령총이라는 이름을 붙였다. 또 하나의 고분에서는 많은 금속 장신구와 함께 아름다운 금동신발[飾履]이 출토되어 식리총이라고 불렀다.

금관총·금령총·식리총에서 재미를 본 일제는 2년 뒤 또 하나의 고분을 발굴하기로 하였다. 직접적인 동기는 경주역에 새로 기관차고機關車庫를 지어야 하는데 대지 매립에 많은 흙과 자갈이 필요하자 고분 하나를 파서 충당할 목적이었다. 이 고분에서도 금관이 나왔다. 이번 금관은 머리띠에 세 마리의 봉황이 조각된 아주 특별한 구성을 하고 있었다. 일제는 이 무덤에 서봉총瑞鳳塚이라는 이름을 붙였다. 이는 '상서로운 봉황'이라는 뜻이긴 하지만 내력은 그게 아니었다.

당시에 스웨덴의 황태자 구스타프 아돌프 6세가 신혼여행차 한국에 와서 이 발굴 현장을 방문했다. 그때 그에겐 금제 허리띠를 직접 꺼내는 영광스러운 기회가 주어졌고 이를 기념하여 스웨덴의 한자 표기인 서전瑞典에서 서자와 봉황의 봉자를 결합하여 서봉총이라고 이름 지은 것이다.

발굴 책임자였던 고이즈미 데루오小泉顯夫는 훗날 평양박물관 관장이 되었는데 1935년에 자신이 발굴한 서봉총의 금관과 장신구들을 빌려 평양박물관에서 한차례 특별전을 가졌다. 신라 금관이 처음으로 고구려 지역에서 전시된 것이다. 성공리에 전시회를 마치고 뒤풀이가 있었는데 그는 무슨 이유에선지 금관을 보자기에 싸서 들고 만찬에 참석했다. 그런데 그만 술에 취해 흥이 넘친 나머지 금관을 꺼내 기생의 머리에 씌우고 금제 허리띠까지 둘러주었다.

이건 박물관 사람으로서는 도저히 있을 수 없는 일이었다. 금관을 쓴 평양기생 사진이 시중에 나돌다 한 신문에 실리는 바람에 비난이 쏟아지면서 결국 그는 관장직에서 물러나고 말았고, 평양기생은 신라 금관을 직접 머리에 써본 유일한 사람이라는 진기록을 보유하게 되었다.

서봉총 출토 금관
신라 5세기·높이 30.7cm·국립경주박물관

033

황남대총

1971년 경주역사관광지구 종합개발계획의 일환으로 시작된 거대한 쌍분인 98호분의 발굴은 1974년에 5만 8천 점의 유물을 수습하고 끝났다. 하도 그 성과가 커서 고분에 황남대총이라는 이름을 붙여주었다. 황남대총의 출토 유물들은 무려 37년 만에 처음으로 서울과 경주에서 그 전모를 드러냈다. 똑같은 '황남대총 유물전'이지만 2010년 가을 국립중앙박물관 전시와 2011년 봄 국립경주박물관의 전시는 완전히 다른 모습이었다. 서울전은 1천여 점을 정선하여 공예적 아름다움을 앞세운 미술사적 전시였다면, 경주전은 출토품의 거의 전량이라 할 5만여 점을 있는 그대로 보여주는 고고학적 전시였다.

미술사를 전공하는 내게는 국립경주박물관의 전시가 훨씬 감동적이었다. 그것은 무엇보다도 돌무지덧널무덤이라는 무덤의 내부 구조를 지상에 재현하듯 전시하여 유물들의 출토 상황을 명확히 보여주었기 때문이다. 그동안 금관은 고급스러운 받침대 위에 전시되었지만 경주전에서는 시신의 머리를 감싸고 있던 모습대로 뉘여놓고 귀걸이, 허리띠, 반지, 목걸이, 350mm의 금동신발도 시신의 제 위치에 놓아 장엄했던 신라 마립간의 장례 의식을 실감할 수 있었다.

금잔, 은잔, 마구, 철제 무기들을 있는 양껏 모두 전시하고 도기는 깨지지 않은 1500점은 물론 깨진 도편들도 총출동시켰다. 목걸이, 가슴걸이의 흐트러진 구슬 2만 점을 쏟아붓듯 펼쳐놓았다. 이를 위해 경주박물관은 유물창고의 진열장까지 옮겨놓았다. 대표 유물만을 볼 때와는 전혀 다른 감동이 일어났다. 어떤 설치미술보다도 강렬한 집체미였다. 나는 이 전시회를 보고 신라 고분미술의 장대함을 비로소 실감할 수 있었다.

전시장을 떠나면서 박물관 학예원들의 노고에 감사의 뜻을 말했더니 그들은 다시 수장고에 넣어둘 일이 끔찍하다고 그 힘겨움을 말한다. 가만히 생각해보건대 우리는 이 엄청난 문화유산 콘텐츠를 37년간이나 수장고에 넣어두고 살아온 셈이었다. 지금이라도 안압지 유물전시관처럼 황남대총 유물전시관을 별관으로 지어 상설 전시하는 것이 마땅한 일이다. 그래야 신라가 새롭게 다가올 것이고 국립경주박물관도 새 날개를 달아 더욱 멋지게 살아날 것이다.

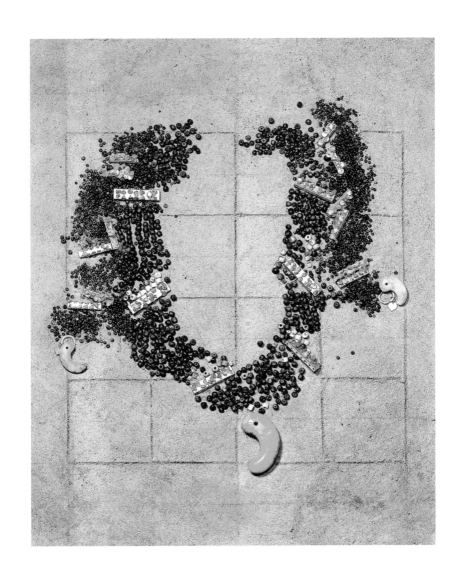

황남대총 남분 출토 가슴걸이
신라 5세기 · 상하 길이 63.0cm · 국립경주박물관

034

백제 금동대향로

　　1993년 부여 능산리 고분 곁 능사陵寺터에서 발견된 백제 금동대향로는 1971년 무령왕릉 발굴 이후 백제 미술사와 고고학의 최대 성과였다. 향로는 높이 64cm, 무게 11.8kg이나 되는 대작으로 탐스러운 꽃봉오리를 용이 입에 물어 올리는데 그 꼭대기에서 봉황이 날갯짓하는 모습이다. 이 향로는 중국의 박산博山향로를 기본으로 하고 있다. 박산이란 동쪽 바다 한가운데 불로장생의 신선이 살고 있다는 봉래산·영주산·방장산 등 삼신산을 말한다. 중국의 박산향로는 대개 바다를 상징하는 승반 위에 물새 한 마리가 중첩된 산봉우리를 머리에 이고 있는 모습이다. 백제인들은 이런 도교적 상징성을 연꽃봉오리라는 불교적 이미지와 절묘하게 결합시켜 이런 명작을 낳았다. 미술사가들은 이것을 6세기 말, 위덕왕 때 유물로 추정하고 있다.

　　향로는 세부 묘사가 아주 다양하고 아름답다. 뚜껑에는 신선세계를 나타내는 무수한 그림이 새겨져 있다. 불사조·물고기·학 등 동물 26마리가 있고 다섯 겹으로 첩첩산중을 이루는 25개의 산봉우리에는 산길, 계곡, 폭포, 호수가 있다. 말 타는 무인 등 인물상이 16명, 피리·비파·북 등을 연주하는 악사가 5명, 상상의 날짐승·호랑이·사슴 등이 39마리가 들어 있다. 여기에 나오는 도상은 약 100가지나 된다.

　　공예는 용用과 미美로 이루어진다. 향로 뚜껑 산봉우리 뒤에는 10개의 구멍이 숨겨진 듯 뚫려 있고, 봉황 가슴에도 2개의 구멍이 있어 향 줄기가 구멍을 통하여 피어오르게 되어 있다. 결국 백제 금동대향로의 최종 형태는 삼신산에서 연기가 아련히 피어오르는데 다섯 악사가 음악을 연주하고 봉황은 가슴에서 신비로운 향 줄기를 뿜어내는 형상이다.

　　향로는 크기가 크고, 기법이 너무도 완벽하여 발굴 당시엔 중국 수입설이 제기되기도 하였다. 그러나 중국에서 이런 예는 5세기 남북조시대에 비슷한 유물이 있지만 이처럼 용봉을 곁들인 구성은 아직 알려진 것이 없다. 사실 그때만 하더라도 백제 금속공예품으로 이와 겨룰 만한 명품이 없었다. 그러나 2007년 왕흥사 사리함, 2009년 미륵사 서탑 출토 순금사리함이 발굴되면서 이제는 그런 의심을 갖는 미술사가는 없다.

백제 금동대향로
백제 6~7세기·높이 64.0cm·국립부여박물관·위: 전체, 뒤: 뚜껑 부분

검이불루 화이불치

우리나라 미술이 지향했던 구체적인 미적 목표가 무엇이었냐는 물음에 내가 가장 먼저 제시하는 대답은 '검이불루 화이불치儉而不陋 華而不侈' 여덟 글자다. 김부식의《삼국사기》백제 온조왕 15년(기원전 4)조에 다음과 같은 기사가 나온다.

> "새로 궁궐을 지었는데 新作宮室
>
> 검소하지만 누추해 보이지 않았고 儉而不陋
>
> 화려하지만 사치스러워 보이지 않았다 華而不侈"

위례성에 새로 궁궐을 지었다는 역사적 사실을 기록하면서 궁궐의 자태를 말한 이 여덟 글자의 평문은 백제의 아름다움뿐만 아니라 우리 민족의 미감을 대표할 만한 명구이다. 이런 시각에서 보면 왕흥사 사리함, 불국사의 석가탑은 '검이불루' 하고 미륵사 서탑 사리호와 불국사 다보탑은 '화이불치' 하다는 평이 너무도 잘 들어맞는다.

'검이불루 화이불치'의 미학은 오랫동안 이어져왔다. 특히 궁궐 건축의 상량문에 계속 등장한다. 고종이 경복궁 북쪽 끝에 건청궁乾淸宮을 짓고 그 곁에 당시로서는 현대풍을 가미한 화려한 서재로 집옥재集玉齋를 지었다. 〈집옥재 상량문〉을 보면 예의 여덟 글자를 약간 바꾸어 "검부지루 화부지사 儉不至陋 華不至奢"라고 했다.

조선 헌종은 21살(1847) 때 후궁 경빈慶嬪김씨를 맞이하면서 새 생활공간으로 지금의 낙선재樂善齋를 지으며 자신이 직접 쓴 〈낙선재 상량문〉에서 다음과 같이 말하였다. "곱고 붉은 흙을 바르지 않은 것은 과도한 규모가 되지 않게 하기 위함이고, 채색한 서까래를 놓지 않은 것은 소박함을 앞세우는 뜻이라네."

그래서 낙선재는 궁궐의 전각이지만 단청을 입히지 않았다. 그렇다고 누구도 낙선재가 누추해 보인다고 말하지 않는다. 확실히 '검이불루 화이불치'는 백제의 미학이자 우리 민족의 미학으로 삼을 만하다.

035

백제 왕흥사 사리함

2007년 10월 10일 부여 백마강 건너편의 백제 왕흥사王興寺 터에서 발굴된 사리함은 한국미술사의 획기적인 발견이자 백제 미술의 부활이었다. 금·은·동 함이 한 세트로 동함 속에 은함, 은함 속에 금함이 차례로 들어 있었고 금사리함에는 맑은 액체가 가득 채워져 있었다. 동사리함 몸체에는 "정유년 2월 15일 백제 창왕昌王은 죽은 왕자를 위하여 사찰을 세우고 사리 2매를 묻었는데 신묘한 변화로 3매가 되었다"라는 글씨가 새겨져 있었다. 사리의 변화를 말한 구절은 사리봉안기에 의례적으로 나오는 문구이며 창왕은 위덕왕威德王의 생전 이름이고 정유년은 위덕왕 24년(577)이다.

왕흥사에 관한 기록은 《삼국사기》에 아주 애매하게 두 번 나온다. 법왕 2년(600) 정월조에서 "왕흥사를 창건하고 승려 30명을 두었다"라고 했으면서, 무왕 34년(633)에 "왕흥사가 창건되었는데 이 절은 물가에 임하여 짓고 채색이 화려하고 장엄했으며 왕은 늘 배를 타고 절로 들어가 향을 피웠다"라고 했다. 무슨 착오이거나 중창 시기를 그렇게 기록한 것 같은데 이제는 위덕왕이 577년에 세운 것이 분명해졌다. 더욱이 강변에서 사찰로 이르는 길이 어도御道처럼 잘 닦여 있어 기록상의 왕찰王刹에 부합한다.

금·은·동 사리함을 보면 한결같이 형태가 아름답다. 동사리함은 통형이고, 은사리함은 긴 목이 달린 항아리 모양이며, 금사리함은 구기자 열매 같은 예쁜 형태이다. 동사리함은 소박하고, 은사리함은 듬직하며, 금사리함은 고급 향수병으로 제격이라 생각될 정도로 고귀한 모습이다. 세 사리함의 형태는 그렇게 다르지만 뚜껑에는 모두 봉곳한 꼭지가 달려 있어 한 세트로서의 디자인적 통일성을 갖추었다.

아무리 보아도 현대적인 디자인 감각이라는 느낌을 주면서 '검소하지만 누추해 보이지 않았다'는 백제의 아름다움을 여실히 보여준다. 사리함이 갖는 미술사적 의의는 대단히 크다. 이는 땅속의 왕을 위한 금관의 시대에서 절대자의 분신(사리)을 모신 사리함의 시대로 전환했음을 말해준다. 백제의 공예가 고분미술에서 불교미술로 일대 전환한 것이다.

왕흥사 사리함
백제 6세기 후반 · 동사리함 높이 10.3cm · 국립부여문화재연구소

036

익산 미륵사 서탑 출토 순금사리호

오늘날 한국인이라면 누구나 백제의 아름다움에 경탄과 존경을 표한다. 그러나 백제미의 실체가 우리에게 다가오게 된 것은 불과 지난 50년 동안 있었던 다섯 차례의 기념비적 발굴 덕분이다. 1959년의 서산 마애불, 1971년의 무령왕릉, 1993년의 백제 금동대향로, 2007년의 왕흥사 사리함 그리고 2009년 1월 익산 미륵사에서 출토된 순금사리호이다.

6층까지 간신히 남아 있던 미륵사 서탑이 붕괴 위험에 놓여 해체수리하던 중 1층 사리공에서 출토된 이 환상적인 사리호는 말할 수 없이 화려하면서도 고귀한 품위가 있어 왕흥사 사리함과는 정반대로 '화려하지만 사치스럽지 않았다'는 백제 아름다움의 진수를 남김없이 보여준다.

사리공에는 194자의 순금사리봉영기도 들어 있었다. 이에 의하면 무왕 40년(639) 정월 29일에 좌평佐平 사택적덕沙宅積德의 따님인 백제 왕후가 이 사리를 모셨다는 것이다. 《삼국유사三國遺事》에서 미륵사는 무왕의 왕비인 선화공주의 발원發願으로 세워졌다고 하였으니 앞뒤 사정을 종합해보면 선화공주의 발원으로 착공되고, 아마도 선화공주가 사망하여 새로 맞이했을 후비(사택적덕의 딸)가 이 사리호를 봉안한 셈이 된다. 사리공에는 글자를 새긴 얇은 금판을 비롯하여 탑의 안전과 개인의 복을 기원하면서 넣은 각종 진단구鎭檀具가 400여 점이나 들어 있었다. 그중에는 고관들이 자신의 머리에 꽂았던 은제 관식冠飾을 즉석에서 넣은 것도 있었다.

사리호의 형태는 둥글넓적한 뚜껑이 달린 듬직한 몸체로 기형 자체가 아주 품위 있다. 여기에 무늬의 구성이 치밀할 뿐만 아니라 점·선·면의 새김 기법도 더할 나위 없이 능숙하다. 아래위로 가지런한 연꽃무늬를 두르고 가운데에는 물고기 알처럼 생긴 어자무늬[魚子文]와 인동꽃의 넝쿨무늬를 빼곡히 넣었다. 그리고 석장으로 구성된 연꽃잎을 주무늬로 삼아 당당하면서도 시원스럽게 새겼다. 미륵사 사리호의 출토로 우리는 백제 금속공예의 새로운 면모를 확인하게 되어 그동안 통일신라 유물로 생각되어온 왕궁리 오층석탑 출토 사리함도 백제의 유물로 보게 되었다. 이리하여 백제는 전에 없이 풍부한 왕조의 이미지를 갖추게 되었다.

미륵사 서탑 사리장엄구 일괄
백제 639년 · 사리외호 높이 13.0cm · 국립익산박물관

　　익산 미륵사는 백제 무왕이 세운 절로 동서 260m, 남북 640m, 대지 면적 5만 평이 넘는 우리나라 최대 가람이었다. 경주 황룡사의 두 배 되는 넓이이다. 미륵사는 고려시대는 물론이고 조선 초까지 사찰로 건재했던 모양인데 억불정책에 그만 이 거대한 사찰이 어느 때인가 폐사되어 절터는 논밭이 되고 무너진 석탑과 당간지주만이 이 광활한 빈터를 지키고 있다.

　　미륵사터는 1980년부터 장장 16년간에 걸친 대대적인 발굴로 탑 3기와 금당 3채를 갖춘 3원院 가람임을 확인하였다. 그러나 거찰에 걸맞은 유물은 출토된 것이 별로 없었다. 그러다 미륵사터 발굴이 모두 끝나고 관람 동선을 확보하기 위하여 건물 바깥쪽을 정비하던 중 2000년 10월 3일, 북쪽 회랑 기단 옆에서 땅속에 거꾸로 박혀 있던 금동향로가 발견되었다. 당시 무슨 급박한 상황이 있었는지 건물 밖 땅속에 급히 묻어둔 것 같은데 그 사정은 알 길이 없고 그 바람에 우리는 이런 완전한 명품을 얻게 되었다. 결손 부위가 거의 없고 금도금 상태도 양호하여 7년간의 보존처리 끝에 완벽하게 복원되었다.

　　높이 30cm, 무게 7kg의 향로는 청동주물기법과 조형 형태로 보아 당나라풍을 벤치마킹한 통일신라 유물로 추정되며, 주변에서 나온 도기 파편과 연관해보면 858년 이후에 제작된 것으로 보인다.

　　향로의 몸체는 넓적한 화로 모양으로 특이하게도 짐승 발 모양 다리 넷이 달렸고 둥근 뚜껑에는 듬직한 연꽃봉오리 모양의 꼭지가 봉긋이 솟아 있다. 향로의 다리와 몸체는 사자 머리로 연결되었고 그 사이에는 손잡이 고리를 입에 물고 있는 귀면이 부착되어 마치 맹수들이 단단히 지키고 있는 듯하다. 이에 반해 뚜껑은 조각 없이 아주 매끄러운 질감을 살리면서 동심원을 반복해서 나타내고 맨 위쪽엔 8판 연꽃무늬를 돌린 다음 연꽃봉오리 꼭지를 달았다. 뚜껑 위에는 새털구름 4개가 새겨 있고 구멍 9개가 뚫려 있어 향 줄기가 여기에서 피어오르게 했다.

　　대단히 강렬한 인상을 풍기는 아름다운 향로인데 이와 비슷한 향로가 발해 삼채三彩에도 있어 미술사가들은 더욱 흥미롭게 생각한다.

미륵사터 출토 금동향로
통일신라 9~10세기 · 높이 30.0cm · 국립익산박물관

038

발해 삼채향로

오늘날 한국인의 입장에서 발해를 생각하면 아쉬움이 많이 남는다. 한 왕조는 앞 시대 왕조의 역사를 기록해줄 의무가 있다. 고려는《삼국사기》를, 조선왕조는《고려사》를 편찬했다. 그러나 발해의 역사는 아무도 기록하지 않았다. 고려는 고구려를 계승한다고 했지 발해의 뒤를 잇는다고는 하지 않았다. 유득공은 이것이 고려왕조의 큰 실수였다고 했다.

발해는 결국 중국과 러시아의 변방으로 남게 되어 문화가 제대로 이어지지 못했다. 그리하여 해동성국海東盛國이라는 칭호에 걸맞은 발해 유물은 거의 찾아볼 수 없다. 기록에 의하면 발해는 도기에 뛰어났다. 특히 발해 도기 중에는 유약을 바른 삼채도 있었다. 삼채란 납으로 만든 유약에 철·구리 등을 섞어 초록·노랑·갈색 등 세 가지 색깔이 함께 나오는 기법이다. 당나라에서 크게 유행하여 당삼채가 널리 알려졌지만 발해 삼채도 뛰어났다.

당나라 때 책인《두양잡편杜陽雜編》을 보면 무종황제는 발해에서 만든 순자색 그릇을 좋아하여 비부秘府에 놓고 약과 음식을 담아두었는데 두께가 한 치 정도여서 들어보면 마치 기러기 깃털처럼 가벼웠고 빛깔은 투명했다고 한다. 그런데 어느 날 황제의 재인才人이 옥구슬을 던지다가 이 그릇을 조금 깨트리는 바람에 황제는 오랫동안 아쉬워했다고 한다.

발해 삼채도기 중 비교적 완벽한 유물로는 헤이룽장성 닝안시寧安市 삼령三靈 3호 무덤에서 출토된 삼채향로가 있다. 전이 달린 넓적한 화로 모양으로 뚜껑에는 연기 구멍이 뚫려 있고 발받침은 세 마리 사자로 되어 있다. 익산 미륵사터에서 출토된 통일신라의 금동향로와 아주 비슷한 형태로 다리가 세 개인 점과 연기 구멍의 무늬 새김만 다를 뿐이다. 사자의 조각도 정교하고 삼채의 발색이 아주 우수한 명품이다. 그러나 통일신라의 그것과는 달리 어딘지 고구려적인 듬직한 힘이 느껴진다. 그것이 발해풍이고, 발해 취향인 것이다. 발해의 이런 삼채 기술은 뒤이은 거란족의 요나라에 계승되어 유명한 '요나라 삼채'로 발전하였다

삼채향로
발해 9~10세기 · 뚜껑 바깥지름 22.1cm · 중국 헤이룽장성 문물고고연구소

039

에밀레종

섣달 그믐밤이면 '제야의 종'이 울린다. 서울의 보신각에서도 울리고 경주 토함산 석굴암에서도 울린다. 제야의 종은 우리나라밖에 없다. 그것은 훌륭한 범종 문화가 있었기 때문이다. 동양의 종은 서양 종과 달리 육중한 나무 봉으로 몸체를 두드려 울리게 하여 '땡그랑땡그랑' 하는 것이 아니라 '둥둥' 하고 울린다. 그중 유독 우리 종은 맥놀이 현상의 긴 여운이 아름다워 음향학에서는 한국종Korean bell 이라는 별도의 학명을 갖고 있다. 반세기 전에 주한미군 라디오방송AFKN은 전국 사찰을 일일이 찾아다니며 범종소리를 녹음하여 임택근 아나운서의 목소리와 함께 테이프를 만들었다. 여기에는 에밀레종을 비롯하여 이미 깨져 칠 수 없는 오대산 상원사종 등 수십 개의 종소리가 들어 있는데 영어 해설 마지막엔 이런 말이 나온다. "서양의 종은 귀에 들리고 한국의 종은 가슴 깊은 곳에 울린다."

종은 형태도 형태지만 역시 소리가 좋아야 한다. 우리 범종 중 최고의 명작은 통일신라 때(771년) 주조한 높이 3.7m, 무게 18.9t의 '성덕대왕신종聖德大王神鍾', 일명 에밀레종이다. 태산이 무너지는 듯한 장중한 소리이면서도 옥처럼 맑은 소리를 울려내어 많은 공학자들이 그 음향 구조의 신비를 밝히는 여러 연구 결과를 발표하고 있다.

이장무 박사는 종의 키와 폭의 비율이 $\sqrt{2}$ =1.414의 값에 가깝고, 당좌撞座(봉이 닿는 자리)는 스위트 스팟sweet spot이라고 해서 야구에서 홈런 칠 때 공이 방망이에 맞는 점에 해당한다고 하였다. 이병호 박사는 종소리의 톤 스펙트럼을 분석한 다음 음색과 음질을 채점해보니 다른 종들은 100점 만점에 50점대에 머무는데 에밀레종만은 86.6점이 나왔다고 했다.

무엇이 이런 신비로운 소리를 만들어냈을까? 에밀레종 몸체에 새겨진 1037자의 명문을 보면 "종소리란 진리의 원음圓音인 부처님의 목소리"라고 했다. 그런 종교하는 마음으로 만든 것이다. 그런데 아쉽게도 몇 해 전부터 이 종을 더 이상 치지 않고 있다. 종은 쳐야 녹슬지 않는다는데. 그래서 제야의 종소리가 울릴 때면 에밀레종 소리가 더욱 그리워진다.

성덕대왕신종
통일신라 771년 · 높이 3.7m · 국립경주박물관

040 　백제 자단목바둑판과 상아바둑알

　　일본 도다이지東大寺의 쇼소인正倉院은 8세기 중엽에 지은 일본 왕실의 보물 창고로, 756년 쇼무聖武일왕이 죽자 고묘光明왕후가 고인의 명복을 빌기 위하여 49재에 맞추어 헌납한 유품 600점과 그 뒤 또 세 차례에 걸쳐 기증한 약 1천 점 이 헌물대장獻物臺帳과 함께 소장되어 있다. 쇼소인은 1946년부터 해마다 10월 하순이면 이 유물들의 일부를 공개하는 특별전을 연다. 몇 차례를 제외하고는 국립나라박물관에서 열리는데 2010년 가을 전시가 제62회 특별전이다.

　　쇼소인의 헌납보물 중에는 삼국과 통일신라에서 보낸 선물도 들어 있다. 1950년대 쇼소인 특별전에는 《신라장적新羅帳籍》이라 불리는 신라의 고문서가 전시되어 크게 화제된 바가 있다. 1998년 특별전에는 백제 의자왕이 보내준 상아바둑알과 자단목紫檀木바둑판 그리고 은판을 무늬로 오려 붙인 바둑알통이 공개되어 세상을 놀라게 한 바 있다. 하도 명품이어서 2008년 특별전에 또 한 번 전시되었다.

　　세계에서 가장 화려하고 가장 아름다운 바둑판이라 할 자단목바둑판에는 특이하게도 화점花點 9개 이외에 8개가 더 찍혀 있다. 바둑해설가 박치문 씨는 17개 화점은 우리나라 고유의 순장바둑에만 필요한 것이라고 했다. 백제인들이 바둑을 좋아했다는 것은 개로왕이 바둑에 빠져 나랏일을 돌보지 않다가 고구려에 포로로 끌려가 죽음을 당했다는 사실만으로도 알 수 있다.

　　바둑알은 상아로 만든 바둑돌에 붉은색[紅]과 검푸른색[紺]을 칠하고 그 위에 입에 꽃을 물고 나는 새를 선으로 새긴 다음 흰색으로 메운 것이다. 이런 기법은 발루撥鏤라고 하여 일본에서는 홍감아발루기자紅紺牙撥鏤碁子라고 부른다. 꽃을 물고 나는 새를 새긴 기발한 발상의 디자인에는 백제 공예의 난숙함이 유감없이 드러난다. 백제는 어떻게 이런 난숙한 공예문화를 갖고 있었을까? 무엇보다도 장인에 대한 국가적 대접이 높았다는 점을 들 수 있다. 백제에선 경전을 깊이 이해하면 경학박사라고 했듯이 기와를 잘 만들면 와박사라고 했다. 무령왕비의 은팔찌에는 다리多利가 만들었다는 사인이 새겨져 있다. 문화는 공급자가 아니라 수요자가 만들어낸다. 공예는 사회적 수요와 대접만큼 만들어졌다고 할 수 있다.

자단목바둑판과 상아바둑알
백제 7세기·(바둑판) 세로 49.0cm (바둑알) 지름 1.4~1.7cm·일본 도다이지 쇼소인

041 고려 나전칠기염주합

우리는 통일신라와 조선의 문화에 대해서는 나름대로 확실한 이미지를 갖고 있으나 그에 비해 고려의 이미지는 고려청자 정도만을 생각할 뿐 여타의 문화에 대해서는 별로 깊은 애정과 존경을 보내지 않고 있다. 근래에 고려불화에 대해 새롭게 인식하고 있는 것이 그나마 다행인데 아직도 고려 나전칠기螺鈿漆器의 위대함에 대해서는 별로 알려져 있지 않다.

고려 나전칠기의 당대적 명성은 청자나 불화 못지않은 것이었다. 일찍이 송나라 서긍徐兢은 《선화봉사 고려도경宣和奉使 高麗圖經》에서 "그 기법이 매우 정교하고 세밀함은 가히 귀하다고 할 만하다極精巧 細密可貴"라고 증언한 바 있다. 고려시대에는 왕실 전용물품을 제작하는 중서성中書省에 나전장螺鈿匠·칠장漆匠이 있을 정도였다. 그리고 원종 13년(1272)에는 나전함을 제작하기 위한 도감都監(임시 행사본부)이 설치될 정도로 많은 공을 들였다. 요나라에 선물로 보내기도 했고 중국에서 수입해갔다는 기록도 있다.

그러나 불행히도 현재 알려진 고려 나전칠기는 모두 16점뿐인데 단 한 점만이 국립중앙박물관 소장일 뿐, 일본에 10점, 미국에 3점, 유럽에 2점이 있다. 왜 이런 현상이 일어났는가를 명확히 말하기는 힘들지만, 나전칠기는 나무상자에 자개를 박고 옻칠을 한 것이기 때문에 소중히 간직하지 않고는 700년을 내려올 수 없다. 그런 점에서 현재 전래되는 나전칠기는 보석을 담았던 모자합母子盒 3점 이외에는 불경을 담았던 경합經盒 10점, 염주합念珠盒 2점, 스님이 손에 쥐는 불자拂子 1점으로 대개는 일찍이 일본 사찰에서 수입해 귀물로 간직해온 것이었다.

미국 보스턴미술관에는 고려 나전칠기가 2점이나 소장되어 있는데 그중 염주합은 6판 꽃잎 형태의 예쁜 상자로 뚜껑에는 국화꽃, 옆에는 넝쿨무늬가 아주 정교하게 새겨져 있다. 특히 바다거북 등판인 대모玳瑁를 갈아 넣어 붉은빛과 노란빛이 환상적으로 빛나는데, 이 대모기법은 고려 나전칠기만의 고유 기술이었다. 이 염주합은 찰스 호이트라는 일본 미술 컬렉터가 1910년대에 도쿄에서 훌륭한 고려청자와 함께 구해간 것이라고 한다. 보스턴미술관에는 고려 나전칠기 이외에도 조선 나전칠기 명품도 8점이나 있어 한국인으로서 그곳에 가면 만감이 교차한다.

나전칠기염주함
고려 13세기·높이 4.4cm 지름 11.5cm·미국 보스턴미술관

042 　　　　청자사자장식향로

　　모처럼 우체국에 가서 책을 부치는데 천 원짜리 우표의 도안이 청자사자장
식향로(국보 제60호)여서 퍽 반가웠다. 이 향로는 12세기 전성기 때의 비색翡色 청자
로 빛깔이 매우 아름답다. 화로 모양의 몸체에는 구름무늬가 새겨져 있고, 뚜껑은
한쪽 무릎을 구부리고 입을 벌린 채 앞을 보고 있는 사자의 모습이 아주 생동감
있게 조각되었다. 정확히 말하면 산예狻猊라는 상상의 동물이지만 이미지는 사자
로 통한다.

　　이 향로는 송나라 서긍이 《선화봉사 고려도경》에서 말한 것과 비슷하여 각
별히 주목받는 명품이다. 서긍은 인종 원년(1123)에 휘종황제 사신의 일원으로 고
려에 와 한 달간 머무르고 귀국한 뒤 이 책을 저술하여 황제에게 바쳤다. 선화는
휘종의 연호다. 휘종은 크게 기뻐하며 그에게 높은 벼슬까지 주었다.

　　그는 300여 항목을 그림까지 곁들이면서 증언하였는데, 아쉽게도 그림은 전
하지 않는다. 그중 그릇[器皿]이라는 항목을 보면 "도자기의 빛깔이 푸른 것을 고려
인은 비색이라고 하는데, 근래에 들어와 제작 솜씨가 공교해졌고 빛깔도 더욱 아름
다워졌"면서 휘종 때 관요官窯인 여요汝窯 청자와 비슷하다고 했다. 고려청자를
송나라 청자의 최고봉인 여요와 어깨를 나란히 해놓은 것이다.

　　서긍은 특히 산예출향狻猊出香이 아주 특색 있다고 했는데 그것은 아마도 이
런 모양의 사자장식향로였던 것 같다. 그런데 이상하게도 이 향로의 사자는 뚜껑
의 가운데가 아니라 한쪽으로 치우쳐 앉아 있다. 이건 실수가 아니라 분명 계산된
치우침인데 그 이유를 좀처럼 알 수 없다. 우표를 보는 순간 궁금증이 다시 일어
났다. 유물은 오직 말을 걸어오는 사람에게만 대답해준다고 한다. 추석 연휴를 맞
아 박물관에 가서 다시 한 번 이 향로를 유심히 살펴보다가 문득 떠오르는 것이
있었다. 고려청자 중에는 갖가지 형태의 향로가 남아 있다. 대개는 화로 모양의 몸
체에 뚜껑의 형상이 다양하게 나타나 혹은 사자 모양 혹은 기린 모양 혹은 해태
모양 혹은 꽃봉오리 모양으로 되어 있다.

　　아모레퍼시픽미술관에서는 몇 해 전, 새로 구입한 청자기린장식향로의 기능
을 시험해보기 위하여 직접 향을 피워본 적이 있다. 공예란 형태의 아름다움보다

공예·도자

112

청자사자장식향로
고려 12세기·높이 21.1cm·국립중앙박물관

청자기린장식향로(아모레퍼시픽미술관 소장)

도 쓰임새가 더 중요했을 것이기 때문에 향 줄기가 어떻게 나오는가를 알아보기 위함이었다. 향로에 향을 피우고 뚜껑을 닫으니 기린의 입에서 한 가닥 향 줄기가 비스듬히 피어오르다 어느 만큼에서 퍼져 나가는 것이었다. 화로에서 지핀 향 줄기가 기린의 입천장에 닿으면서 방향을 바꾸는 바람에 그런 환상적인 곡선을 그리는 것이었다.

그렇다면 청자사자장식향로에서 사자가 한쪽으로 비켜 앉아 있는 것은 사자의 입을 향로의 가운데에 맞추기 위한 기능적 배려일지도 모른다는 생각이 들었다. 그러나 이것이 나만의 생각인지, 내가 자꾸 귀찮게 물어보니까 사자가 답을 내려준 것인지는 알 수 없다.

고려비색

박물관에서 아버지가 아들에게 하는 말이다. "얘야, 고려청자는 아름다운 빛깔로 유명하단다." 아들이 묻는다. "아빠, 중국 청자는 빛깔이 다른가요?" 아버지는 "나는 잘 모르지만 전문가들은 그렇다고 한단다"라며 말꼬리를 내린다. 이런 광경을 볼 때면 전문가의 한 사람으로 책임감과 미안함을 느끼게 된다.

청자는 유약의 빛깔이 푸른 것이 아니다. 유약 자체는 유리질로 맑게 빛날 뿐이다. 투명한 유약을 통해 드러나는 바탕이 푸른 것으로 여기서 푸른빛이란 파랑이 아니라 초록이다. 청자 빛깔은 바탕흙 속에 들어 있는 아주 적은 양의 철분이 산화제1철^{FeO}로 환원되면서 일으킨 녹변綠變현상이다. 그러나 그것이 산화제2철^{Fe_2O_3} 상태로 남아 있으면 황변黃變현상을 일으켜 노란빛을 띠게 된다. 그래서 같은 청자라도 초록빛, 올리브빛, 고동빛, 진흙빛, 연둣빛, 쑥빛 등 천태만상을 보인다.

청자는 4세기 중국 월주요越州窯의 초보적인 누런 청자에서 시작되어 10세기 송나라 때 완벽한 수준으로 올라섰다. 짙은 연둣빛의 이 청자를 중국에서는 '비색秘色'이라고 했다. 궁중에서만 사용하는 비밀스러운 빛깔이라는 뜻이다. 그리고 12세기 휘종 때 관요인 여요에서 만든 청자는 중국 청자 중에서도 가장 질이 우수한 것으로 유명하다. 여요는 불과 몇 십 년간 만 유지되었기 때문에 전 세계에 50여 점밖에 남아 있는 것이 없어 경매에서 중국 고미술 최고가로 낙찰된 기록을 갖고 있다. 이 여요 청자는 약간 엷은 하늘빛이 감도는 청회색에 가깝다.

이에 반하여 12세기 인종 연간의 고려청자는 서긍이 《선화봉사 고려도경》에서 증언한 대로 여지없는 비취빛으로 맑은 보석처럼 빛난다. 그래서 송나라 태평노인도 〈천하제일론〉이라는 글에서 "고려 비색翡色이 천하제일"이라고 했다. 고려청자의 자랑은 바로 이 '비색'에 있다. 여기서 더 나아가 고려청자는 상감청자로 발전했다. 중국 청자는 문양의 문제를 해결하지 못해 청백자와 백자로 나아갔지만 고려청자는 흑백 상감기법을 개발하여 청자에 아름다운 문양을 장식했다. 이때가 되면 고려청자는 비색이라는 빛깔보다 문양의 아름다움을 추구하면서 유약이 얇아지게 된다.

　　태안 앞바다에서 또 다량의 도자기가 발견되었다고 한다. 2007년 낚시에 걸린 주꾸미가 청자대접 하나를 붙잡고 올라오는 바람에 2만 3천여 점의 고려청자를 인양했는데, 이번에는 고려·조선은 물론 송나라·청나라 도자기까지 발견되어 더욱 큰 관심을 모으고 있다.

　　태안반도 만리포와 연포해수욕장 사이의 안흥항安興港은 삼남조운三南漕運의 중요 경유지인데 그 앞바다인 안흥량安興梁은 예로부터 선박 침몰이 잦았다. 본래 량梁자가 붙은 곳은 조류가 험한 바다를 말한다. 난행량難行梁이라고도 불린 안흥량은 진도 명량鳴梁(울돌목), 강화도 손돌목, 황해도 인당수와 함께 4대 조난처로 손꼽히던 곳이다.

　　《신증동국여지승람新增東國輿地勝覽》에서는 "충청 이남의 세곡稅穀을 서울로 운반하려면 안흥량을 경유해야 하는데 여기에서 해난사고가 빈번히 일어난다"라고 특기할 정도였고, 조선왕조실록에 기초한 통계에 의하면 태조부터 세조까지 60년간 침몰한 배가 200척, 인명 피해가 1200명, 손실 미곡이 1만 6천 석이었을 정도였다.

　　그래서 고려 인종 12년(1134)에는 태안반도 길목을 가로지르는 7km의 대운하를 시도하였으나 암반에 막혀 중도에 포기했다. 이 굴포堀浦운하는 이후 고려 의종, 조선 태조 때 재시도했으나 역시 실패했고, 태종 13년(1413)에 민력 5천 명을 동원하여 마침내 성공했다. 그러나 어렵사리 완성한 굴포운하로는 작은 배만 다닐 수 있을 뿐이어서 태종은 "공연히 인력만 낭비했다"고 후회했고 이내 폐허가 되어 지금은 1km의 자취만 남아 있다.

　　이렇게 안흥량에서 침몰한 세곡선·조운선·무역선의 물품 중 잘 변질되지 않는 도자기들이 오늘날 귀중한 문화재로 인양되고 있는 것이다. 그런데 태안에서 근래에 갑자기 해저유물들이 속속 발견되고 있는 것은 안흥항 앞에 있는 신진도에 새 항구를 건설하는 등 숱한 간척사업으로 조류가 뒤바뀌어 해저에서 벌흙들이 서서히 벗겨지고 있기 때문이다. 일종의 자연발굴인 셈인데 이것을 전화위복이라 할 것인가 아니면 세월의 아이러니라 할 것인가.

2007년 태안 대섬 앞바다 수중의 고려청자 매장 상태

수중문화재

신안군 증도 앞바다에서 650여 년 전에 침몰한 원나라 무역선을 1976년 봄부터 9년간 발굴한 신안해저유물 인양은 우리나라 수중고고학水中考古學을 동아시아의 선두주자로 나서게 한 문화사적 대사건이었다. 중국 영파에서 출발하여 일본으로 향하던 이 무역선은 500t급 선박이었다. 선박에 실린 상자에는 교토의 도후쿠지東福寺로 간다는 물표가 달려 있기도 했다. 발굴단은 선체의 3분의 1을 인양했고, 도자기 3만여 점, 금속공예품 700여 점, 고급목재인 자단목 1천여 자루 그리고 중국 옛 동전을 800만 닢, 28t이나 수습하여 세계 학계를 놀라게 했다.

이 유물들을 보관하던 목포 해양유물보존처리소는 1994년에 국립해양유물전시관으로 확대 개편되어 목포 갓바위 바닷가의 풍광이 아름다운 곳에 자리 잡고 있는데, 2009년에 국립해양문화재연구소로 다시 개편되었다. 비밀일 것도 없으면서 세상에 잘 알려지지 않은 우리나라 수중문화재의 현황은 매우 놀랍다. 지난 20년간 서해안과 남해안에서 수중문화재가 발견되어 신고 접수된 곳이 현재 234곳이고 수습된 유물은 5천 점이 넘는다. 이에 반하여 주어진 장비, 주어진 인력, 주어진 예산으로 국립해양문화재연구소 발굴팀이 발굴 작업을 마친 곳은 불과 15곳이다. 그중에서 완도·달리도·십이동파도·안좌도·대부도·태안 등에서 한선韓船(고려시대 배) 5척, 진도에서 외국 배(중국 또는 일본 배) 1척을 인양했다. 배 1척을 인양하는 데 보통 3년씩 걸렸으니 신고된 234곳을 지금처럼 발굴하려면 600년이 걸린다는 계산이 나온다.

이래서는 안 되겠다는 절박감에서 문화재청은 2007년에 18t급 자체 탐사선을 출범시켰다. 첫 번째 작업으로 발굴한 것이 주꾸미가 물어 올린 태안의 고려청자였다. 인양 작업도 해군과 해경의 잠수부에 의지하는 것이 아니라 잠수 훈련을 받은 학예연구원이 직접 발굴·수습했다. 그리고 200t급 인양선 건조에 들어가 조만간 진수식을 갖는다고 한다. 수중문화재 상주조사단을 운용할 수 있게 되었으니 이제 우리나라는 명실공히 수중고고학의 선두주자라고 자부할 수 있게 되었다.

안좌도 침몰 선박의 선체

신안 방축리 해저 출토 고려청자 7점

044

이성계 발원사리함

미술사학과 봄철 답사길에 국립춘천박물관에 들렀는데 뜻밖에도 '태조 이성계발원사리함'이 특별 전시되고 있어 횡재한 기분이었다. 1932년 10월 회양군청 직원들이 내금강면 주민들과 산불 방지를 위한 방화선 개착공사를 하던 중 금강산 월출봉 아래에서 발견한 이 유물은 태조 이성계가 역성혁명의 성공을 기원하는 발원문이 들어 있는 것으로 유명한데, 명문을 확인할 수 있도록 유물 전체를 전시한 것은 처음이었다. 사리함을 아래위로 덮었던 백자사발에는 이성계와 그 지지자들의 비장한 기원문이 새겨져 있다.

> 신미년(1391) 사월 이성계와 일만 명은 미륵님께서 중생구제를 위해 내려
> 와 주시기를 기원하며 깊은 계곡에서 함께 그릇을 만들어 금강산에 소중
> 히 봉안하면서 발원하노니 이 소원의 확고함은 불조佛祖가 증명할 것이다.

발원인즉 미륵하생이지만 소원인즉 쿠데타의 성공이었고 내용인즉 일만 명의 다짐이었다. 백자사발 명문에는 방산方山 사기장砂器匠 심의沈意가 만들었다고 밝히고 있어 양구군 방산면에 있는 여말선초 백자 가마터에서 구운 것임을 알 수 있다. 때문에 이 사발은 제작연대·제작처·제작자를 모두 알 수 있는 한국 도자사의 기념비적 유물이기도 하다.

사리함은 금으로 도금한 팔각당 모양의 외호外壺와 라마탑 모양의 내호內壺 그리고 대롱 형태의 유리사리병 등 3중 구조로 되어 있다. 형태도 아름답고 제작기술도 정교하여 고려 금속공예가 왕조의 마지막 순간에도 빛을 잃지 않았음을 보여준다. 사리함에는 모두 3개의 명문이 있는데 발원자는 이성계와 부인 강씨이고, 시주자는 개국공신인 황희석 등 남녀 11명이며, 만든 사람 3명 중에는 한양 천도 때 궁궐 건축을 도맡았던 박자청朴子靑의 이름이 들어 있다. 한국 미술사에 이처럼 많은 스토리텔링이 들어 있는 것은 아주 예외적인 일이어서 젊은 미술사학도들과 모처럼 유익하고도 즐거운 시간을 보냈다.

금강산 출토 이성계 발원사리함
고려 1390~1391년 · 은제도금팔각당형사리기 높이 19.8cm(가운데) · 국립춘천박물관

045

분청사기철화연꽃무늬항아리

2011년 여름, 뉴욕의 메트로폴리탄박물관 한국실에서는 '분청사기 특별전'
이 열렸다. 이 전시는 삼성미술관 리움이 소장하고 있는 조선시대 분청사기 57점
과 이 전통의 맥락에 있는 8점의 우리 현대미술로 꾸며진 것이다. 박물관이 이 특
별전을 열게 된 것은 2009년에 열린 '한국 미술의 르네상스, 1400~1600'에서 분
청사기의 독특한 아름다움에 새삼 주목하게 되었기 때문이라고 한다.

토머스 캠벨 박물관장은 도록 인사말에서 15~16세기에 제작된 분청사기는
동시대 어느 나라에도 없던 조선왕조의 아주 독특한 도예 세계라고 밝히고 있다.
얼핏 보면 12세기 중국의 자주요磁州窯와 비슷해 보이지만 양식적으로 이와 아무
런 연관이 없고 도자의 미학 자체가 전혀 다르다는 점에서 한국 미술의 특성을
가장 잘 보여주는 매혹적인fascinating 장르라고 했다.

분청사기철화연꽃무늬항아리를 보면 간결하게 디자인된 연꽃 넝쿨무늬에는
유연한 리듬감이 살아 있는데 항아리 전체에 바른 백토 분장엔 귀얄(풀이나 옻을 칠
할 때 쓰는 넓적한 솔) 자국이 시원스럽고도 아주 자연스럽게 남아 있다. 사실 이런 마
티에르 효과란 20세기 현대미술에 와서나 일반화된 것이니 15~16세기 도자기에
이렇게 성공적으로 구현되었다는 사실은 차라리 놀라운 일이다.

청자와 백자의 세계에서 보이듯이 본래 모든 도자기는 기본적으로 깔끔한
맛을 지향했다. 그러나 분청사기는 오히려 질박한 멋을 추구했다. 그래서 청자와
백자에 비해 도자기로서 질이 떨어지고 기법이 거칠어 보이기도 한다. 그러나 이
것은 기술의 문제가 아니라 미학의 차이다. 분청사기는 단아한 것, 귀족적인 것이
아니라 전혀 작위적이지 않은 천연스러운 멋이라는 높은 차원의 미학을 추구했
다. 거기에는 분방한 서정과 넉넉한 유머 그리고 질박한 생활감각이 농밀하게 녹
아 있다.

사실 서양인들이 우리 분청사기의 멋을 느낀다는 것은 쉬운 일이 아니다. 그
런데 메트로폴리탄박물관은 특별전의 제목을 '흙의 시정poetry of clay'이라고 했으
니 분청사기의 본질을 이해하고 있다고 할 수 있다. 이렇게 한국 미술은 서양에서
점점 새롭게 재평가되고 있다.

분청사기철화연꽃무늬항아리
조선 15~16세기 · 높이 48.0cm · 삼성미술관 리움

현재까지 국보로 지정된 조선 백자는 모두 19점이다. 그중 국보 제222호 백자청화매죽무늬항아리(호림박물관 소장)는 국보 제219호 백자청화매죽무늬항아리(삼성미술관 리움 소장)와 함께 조선 초기 청화백자를 대표하는 명작으로 거의 모든 도록에서 첫머리를 장식하고 있다. 이 항아리는 경기도 광주 도마리, 우산리 등 조선 초기 가마에서 구워진 것으로 청진동 피맛골 발굴 때 이와 똑같은 질의 백자 도편이 출토되기도 했다.

그릇의 형태를 보면 풍만한 어깨가 허리 아래로 곧게 내려뻗어 아주 당당한 느낌과 함께 안정감을 준다. 백자의 빛깔은 해맑은 상아빛으로 차분하며 청화 안료는 페르시아산 고급 회회청回回靑을 사용하여 밝은 푸른빛을 띠고 있다. 도자의 3요소인 기형, 유약, 문양 모두에서 완벽에 가깝다.

몸체에 가득 그려진 매화는 장식도안이라기보다 한 폭의 그림을 보는 듯하다. 뒷면은 매화가지 아래로 대나무가 빼곡히 그려져 있다. 당시 유행하고 있던 세한삼우도歲寒三友圖에서 매죽만으로 청순한 분위기를 그려낸 것인데 필치와 농담의 표현이 아주 능숙하다. 일반 도공의 솜씨가 아니라 전문화가의 작품임에 틀림없다. 실제로 성현의 《용재총화》를 보면 도화서 화원들이 경기도 광주에 있는 백자 가마에 가서 그림을 그렸다는 이야기가 나온다.

그런데 이 항아리는 조선시대 다른 청화백자와 달리 여백이 거의 없다. 항아리 아래위로 변형된 연꽃무늬[蓮瓣文]가 따로 돌려져 있고 뚜껑에도 동그라미 무늬와 꽃봉오리 꼭지가 완연히 표현되어 있다. 이처럼 기면을 꽉 채우는 문양 구성은 중국풍이어서 얼핏 명나라 경덕진景德鎭 가마의 청화백자 같은 느낌도 준다. 그런데 재미있는 것은 중국 도자사에 익숙한 분들은 반대로 매화 줄기의 흐드러진 멋을 보면서 조선적인 분위기가 더 눈에 띈다고 말한다. 즉 주된 무늬는 조선풍이고 부수적인 무늬는 중국풍인 셈이다. 우리는 체질적으로 조선적인 멋이 한껏 드러난 것을 좋아한다. 그러나 생물학에서 말하는 잡종강세현상이 도자의 세계에도 그대로 나타날 수 있다. 이 항아리는 중국적 요소가 적절히 가미됨으로써 오히려 조선 도자의 또 다른 아름다움을 보여주고 있는 것이다.

백자청화매죽무늬항아리
조선 15~16세기·높이 29.3cm·호림박물관

설에 지내는 차례를 비롯하여 제의의 기본은 술을 한 잔 올리는 것이다. 이 때 사용되는 술잔의 형태는 연회석의 그것과는 사뭇 다르다. 성종 때 완성된《국조오례의國朝五禮儀》에 나오는 잔을 보면 한 쌍의 가느다란 손잡이가 단정하게 달려 있어 흔히 귀잔이라고 불린다. 잔에는 잔받침이 따로 있어 공손히 받들게 되어 있다. 흔히 전접시라고 불리는 넙적한 잔받침에는 가는 전(입술)이 둘러 있어 자못 진중한 무게감을 느끼게 한다. 유교적 절제미와 제의적 엄숙성이 그렇게 나타난 것이다.

그런가 하면 중종 연간에 만든 낭만의 술잔과 잔받침에는 조선적인 멋이 한껏 살아나 있다. 16세기 중엽에 광주 번천리 가마에서 구워낸 백자청화망우대忘憂臺잔받침은 백자 자체가 청순한 백색인 데다 밝은 코발트빛 청화로 들국화 다섯 송이와 그 위로 날고 있는 벌 한 마리를 그려 넣었다. 스스럼없는 필치로 가을날의 스산한 시정을 남김없이 담아냈다. 마치 신사임당의 〈초충도〉 한 폭을 보는 것 같다.

대담한 여백의 미와 받침 가장자리에 성글게 돌린 원무늬에는 한국미의 중요한 특질로 꼽히는 무작위성이 은연중에 배어 있다. 이 시기는 바야흐로 퇴계 이황과 율곡 이이의 조선 성리학이 꽃피고 송강 정철, 면앙정 송순의 가사문학이 등장하던 때이다. 그런 국풍화國風化된 문화적 성숙이 있었던 것이다.

잔받침은 소품임에도 보물 제1057호로 지정되었는데 한가운데 쓰여 있는 '망우대'라는 세 글자 때문이다. 잔받침 위에 올려져 있는 술잔을 드는 순간 '근심을 잊는 받침'이라는 글자가 나타나게끔 디자인된 것이다. 이런 멋과 여유가 있을 때 우리는 저것이야말로 조선적인 아름다움이라고 무릎을 치게 된다. 그래서 이 잔받침을 보고 있자면 송강 정철의 〈장진주사將進酒辭〉가 절로 떠오른다.

한 잔 먹세그려, 또 한 잔 먹세그려
꽃 꺾어 산算 놓고, 무진무진 먹세그려

백자청화망우대잔받침
조선 16세기·지름 16.0㎝·삼성미술관 리움

　　　　　　　　피맛골 백자항아리

　　재개발사업이 한창인 서울 종로구 청진동 '피맛골'에서 당장 나라의 보물로 지
정해도 한 치 모자람이 없는 조선 초기 순백자항아리 여러 점이 발굴되었다는 보
도가 있었다. 이 기사를 본 나의 지인 중에 백자의 빛깔이 눈부시고 형태도 듬직해
서 이제까지 보아온 백자와는 다른 멋이 있다고 말한 사람이 있어, 나는 일반인의
눈에도 그런 미감이 읽히나 하고 자못 놀랐다.

　　사실상 조선 백자의 세계는 그 시대정신과 취미를 반영하며 변하였다. 백자의
생명력이라 할 흰빛의 변화를 보면 15세기 성종 때 백자는 이른바 정백색正白色이
라는 맑은 흰빛을 띠고 있다. 이것이 16세기 중종 때가 되면 따뜻한 상앗빛으로 세
련되고, 임진·병자의 양란을 거치면서 17세기 인조 때가 되면 아직 국력이 덜 회복
되었음을 말해주듯 시멘트빛에 가까운 회백색灰白色으로 거칠어진다.

　　그러나 18세기 영조 연간이 되면 다시 세련되어 뽀얀 설백색雪白色을 띤 유명
한 금사리金沙里 가마의 각병角甁과 달항아리가 등장하게 된다. 그리고 18세기 후
반 정조 때는 말할 수 없이 부드러운 우윳빛[乳白色] 분원分院백자가 나오며, 19세기
로 들어서면 청백색靑白色으로 변하면서 백자의 원래 맛을 잃어버리고 조선 백자의
막을 내린다.

　　조선 백자의 이런 변화는 문화사적 흐름과도 맥을 같이한다. 15세기 백자의
정백색은 국초의 기상을, 16세기 상앗빛 백자는 성리학의 세련을, 17세기 회백색은
전후戰後 국가재건의 안간힘을, 18세기 설백색과 유백색은 문예부흥기의 난숙함을,
19세기의 청백색은 왕조 말기의 황혼을 반영하는 것으로 해석되고 있다. 이것이
'양식사로서의 미술사'의 시각에서 본 조선 백자의 흐름이다.

　　피맛골에서 나온 백자항아리가 이제까지 보아온 백자와 다르게 느껴졌던 것
은, 15세기 순백자항아리는 아주 드문 편이어서 일반인들은 볼 기회가 많지 않았
기 때문이다. 만약에 피맛골 백자항아리를 보면서 속으로라도 그런 인상을 받으신
분이 있다면 예술을 보는 안목이 있다고 자부해도 좋을 것이다.

피맛골 출토 백자항아리
조선 15세기·높이 36.5cm(가운데)·서울역사박물관

백자 '넥타이'병

백자에서 병瓶은 기본적으로 술병이다. 제주병祭酒瓶은 엄숙한 분위기를 위해 순백자를 사용했지만 연회용 술병에는 술맛을 돋우기 위해 갖가지 무늬를 그려 넣었다. 부귀를 상징하는 모란꽃과 십장생 그림이 단연 많다. 그림 대신 목숨 수壽자나 복 복福자를 써 넣기도 했는데 거두절미하고 술 주酒자 하나만 쓴 것도 있다. 매화나 난초를 품위 있게 그려 넣거나 청초한 가을 풀꽃, 이른바 추초문秋草紋을 스산한 운치로 그린 것은 아마도 멋쟁이 사대부들이 사용했을 성싶다.

그런 중 기발하게도 병목에 질끈 동여맨 끈을 무늬로 그려 넣은 백자철화끈무늬병이 있다. 이는 옛날엔 술병을 사용할 때 병목에 끈을 동여매 걸어놓곤 했던 것을 무늬로 표현한 것이다. 경기도 광주 도마리에 있는 15세기 백자 가마터에서는 이태백의 〈대주부지待酒不至(술을 기다리는데 오지 않네)〉라는 시가 쓰여진 술잔받침이 나왔다.

> 술병에 푸른 끈 동여매고 玉壺繫靑絲
> 술 사러 가서는 왜 이리 늦기만 하나 沽酒來何遲
> 산꽃이 나를 향해 피어 있으니 山花向我笑
> 참으로 술 한잔 들이켜기 좋은 때로다 正好衡盃時

이 술잔받침과 쌍을 이루면 딱 알맞을 술병이다. 특히 무늬를 갈색의 철화鐵畵 안료로 그려서 마치 노끈이 달린 것처럼 실감이 난다. 이런 발상이야말로 한국인 특유의 멋과 유머라 하지 않을 수 없다. 영남대 재직 시절 시험문제로 "한국미를 대표하는 도자기 한 점을 고르고 그 이유를 설명하시오"라고 출제했더니 인문대생은 달항아리를, 미대생은 조선 초기 매화무늬항아리를 많이 골랐다. 그중 한 학생은 유물 명칭은 잘 모르겠다며 다음과 같이 적었다.

"샘(선생님), 저는 백자 넥타이병이 최고라고 생각합니다……"

맞다! 이 끈무늬가 갖는 조형 효과는 바로 넥타이와 같다. 이 병은 안목 높은 수장가였던 고 서재식 선생이 돌아가시기 전에 이 병만은 개인의 것이 될 수 없다며 국립중앙박물관에 기증하신 것이다.

백자철화끈무늬병
조선 16세기 · 높이 31.4cm · 국립중앙박물관(서재식 기증)

050 경매 최고가 도자기 백자철화용무늬항아리

미술품의 가치가 곧 가격으로 나타나는 것은 아니지만 아주 무관한 것도 아니다. 처음 경매 최고가로 화제를 모았던 조선 백자는 1936년 경성미술구락부 경매에 나온 18세기 백자청화국화무늬병이다. 이 병은 특이하게도 양각으로 국화꽃을 새기고 거기에 철채와 진사채로 붉은색을 가한 희귀한 명품이었다. 당시는 군수 월급이 70원 정도였고 조선 백자로 2천 원 이상 거래된 것은 거의 없었던 시절인데 경매 시작부터 3천 원으로 뛰는 열띤 경쟁이 붙었고 결국은 간송 전형필 선생이 끝까지 따라붙은 일본인을 누르고 1만 4589원에 낙찰시켰고, 훗날 국보 제294호로 지정되었다.

조선 백자가 외국 경매에서 고가로 팔린 것은 1994년 크리스티 경매에서 15세기 백자청화넝쿨무늬접시가 308만 달러(약 26억 원)에 낙찰된 것이었다. 이 접시는 아주 드문 조선 초기 청화백자 명품으로 동시대 명나라 백자와 비교해도 조금도 손색없는 완벽한 작품이기는 하지만 두 박물관이 경쟁하는 바람에 예상 밖의 높은 가격까지 올라간 것으로 알려졌다.

2년 뒤인 1996년 뉴욕 크리스티 경매에서는 17세기 백자철화용무늬항아리가 765만 달러(약 64억 원)에 낙찰되어 세상을 또 한 번 놀라게 했다. 용준龍樽(용을 그린 술그릇)이라고도 불리는 이런 항아리는 본래 궁중에서 연회할 때 꽃꽂이로 사용된 왕실 도자기로 당시 관요에서 제작된 최고급 도자기였다. 용의 발톱이 3개이므로 동궁東宮에서 사용된 것으로 보인다.

특히 이 항아리는 다른 용준과는 달리 기형에 왕실 도자기다운 기품이 있다. 어깨에서 허리 아래로 내려가는 곡선이 급히 흐르다가 굽에 이르러서는 살짝 밖으로 말려 안정감 있으면서도 당당한 느낌을 자아낸다. 아가리는 꽃을 꽂기 좋도록 넓게 벌어졌지만 입술이 약간 안쪽으로 오므려져 있어 긴장미를 유지한다. 머리채가 앞으로 휘날리는 것은 17세기 용의 헤어스타일이다. 18세기 용머리는 '올백'하듯 뒤로 넘어간다. 그러나 이 가격이 다른 작품의 가격에 큰 영향을 주지는 않는다. 왜냐하면 2등과 3등, 3등과 4등은 한 등급 차이지만 1등과 2등 사이는 몇 등급 차이인지 모르기 때문이다. 즉, 최고 명품이란 값으로 따질 수 없는priceless 것이다.

백자철화용무늬항아리
조선 17세기 · 높이 48.0cm · 개인 소장

051 백자철화포도무늬항아리

    대한민국 우표로도 발행된 바 있는 국보 제107호 백자철화포도무늬항아리는 사실상 조선 백자를 대표하는 최고의 명작이다. 18세기 영조 때 금사리 가마에서 빚어낸 이 항아리는 높이 53.3cm의 대작으로 조선 백자 중 가장 큰 키에 속한다. 백자달항아리가 대개 45cm임을 감안하면 그 볼륨감을 능히 짐작할 수 있을 것이다.

    풍만한 어깨에서 급격히 좁아지며 길게 뻗어내린 곡선이 아주 유연한데 항아리 전체에는 늠름한 기상이 서려 있다. 엷은 푸른 기를 머금은 우윳빛 백색은 고아한 기품을 자아낸다. 거기에 항아리 전체를 한 폭의 화선지로 삼아 철화로 두 가닥의 포도줄기를 그린 구도의 배치부터가 일품이다. 필치도 능숙하여 굵은 줄기와 어린 넝쿨손의 표현에는 선의 강약이 살아나고, 동그란 포도송이와 넓적한 이파리에는 짙고 옅은 농담이 나타나 있다. 당대 일류 화공의 솜씨가 분명한데 아직은 짐작되는 화가가 없다.

    이런 항아리는 흔히 장호長壺라고 해서 궁중 연회에서 술항아리로 사용했으며 대개는 청화로 그렸다. 그런데 유독 이 항아리는 희귀하게도 철화백자로 빚어졌다. 이는 조선왕조실록 영조 26년(1750)조에 "값비싼 페르시아산 청화 안료는 용龍항아리 외에는 일체 금하노니 철화로 그리라"라고 명을 내리는 내용이 나온다. 필시 이런 사정으로 이와 같은 희대의 철화백자 명작이 나온 것으로 생각된다.

    이 항아리는 일제강점기에 조선철도주식회사 전무였던 시미즈 고지淸水幸次라는 컬렉터가 소장하고 있으면서 일절 세상에 공개한 바가 없었다. 컬렉터들은 이처럼 비장품을 히든카드로 갖고 있기를 원하는 습성이 있다. 때문에 일제강점기에 발간된 어떤 도록에도 이 항아리는 실린 적이 없다. 그러다 해방이 되면서 일본인의 귀국 때 문화재반출이 금지되자 그는 눈물을 흘리며 집안일을 돌봐주던 사람에게 맡기고 돌아갔다. 그것이 고미술상에 흘러나온 것을 당시 수도경찰청장으로 한때는 유명한 컬렉터였던 장택상의 소유가 되었다가 1960년에 김활란 총장이 구입하여 지금은 이화여자대학교박물관의 상징적 소장품이 되었다.

백자철화포도무늬항아리
조선 18세기 · 높이 53.3cm · 이화여자대학교박물관

일본 도다이지의 백자달항아리

높이 45cm의 18세기 백자달항아리는 한결같은 명품으로 현재 20여 점이 남아 있다. 세계도자사상 이처럼 달덩이 같은 달항아리는 금사리 가마 이외에는 없다. 소탈하면서도 이지적이고 당당하면서도 내세우는 기색이 없는 이 달항아리는 '잘생긴 부잣집 맏며느리를 보는 듯한 넉넉함'이 있다는 찬사를 받고 있다. 2005년 8월 국립고궁박물관에서 열린 '백자달항아리 특별전'에는 국보, 보물로 지정된 7점과 함께 해외의 명품으로 영국박물관과 일본 오사카시립동양도자미술관의 소장품도 찬조 출품되었다.

오사카시립동양도자미술관의 달항아리는 본래 나라奈良 도다이지 관음원觀音院의 주지였던 가미쓰카사 가이운上司海雲 스님이 소장하고 있던 것이다. 항아리를 좋아하여 '항아리 법사壺法師'라는 별명을 갖고 있던 그는 응접실 한쪽을 항상 이 달항아리로 장식했다. 이 달항아리는 소설가인 시가 나오야志賀直哉가 이 절에 와서 잠시 신세를 지고 돌아간 뒤 스님에게 보내준 선물이었다. 그래서 '시가의 항아리'라고 불렸다.

스님 사후에도 관음원의 응접실에는 여전히 달항아리가 그대로 놓여 있었다. 그러던 1995년 7월 4일 대낮에 도둑이 들어와 이 항아리를 들고 도망갔다. 이때 경비원들이 뒤쫓아가자 도둑은 항아리를 땅바닥에 내동댕이치고 달아났다. 항아리는 박살이 났다. 셀 수 있는 파편만 300여 조각이었다. 경찰 조사 후 관음원은 고고학자의 도움을 받아 작은 가루까지 쓸어 담아 깨진 파편을 오사카시립동양도자미술관에 기증하였다. 미술관 측은 2년 동안 퍼즐 맞추듯 파편을 이어본 뒤 복원기술자에게 맡겨 복원하기로 했다. 6개월 뒤 복원기술자는 1차 작업을 마쳤다며 박물관 관계자들에게 이어붙인 항아리를 보여주었는데 거짓말처럼 완벽하여 모두 놀랐다고 한다. 손때 묻었던 자국까지 그대로였고 이음자국만 미세하게 남아 있었다. 그것도 얼마든지 말끔히 지울 수 있다고 했다.

그러나 미술관 측은 이 흔적을 그대로 남겨놓기로 했다. 육안으로는 잘 보이지 않을 뿐만 아니라 이 항아리의 역사를 위해서 남겨두기로 한 것이다. 이후 이 항아리는 미술품 복원의 기적이라는 칭송과 함께 전설적인 조선 백자달항아리가 되었다.

백자달항아리
조선 18세기·높이 45.0cm·일본 오사카시립동양도자미술관

053 백자진사연꽃무늬항아리

경기도 광주시 남종면 분원리에 있는 분원백자자료관은 조선 백자 500년 역사의 마지막을 장식한 분원 가마터에 세워진 것이다. 분원이란 본래 궁중의 그릇을 담당하는 사옹원司饔院에서 왕실 도자를 생산하기 위하여 직접 운영하던 가마를 일컫는 것이었다. 15세기 성종 연간에 경기도 광주 도마리 일대에 설치되었던 분원은 대개 10년마다 자리를 옮겨 우산리, 번천리, 관음리 등으로 이동했다. 땔나무를 원활히 조달하기 위해 아예 가마를 이전한 것이다. 이것이 지금 광주 일대에 있는 약 300곳의 가마터이다. 그러다 영조 28년(1752), 나라에서는 분원을 뱃길로 이동하기 좋은 곳에 정착시키고 더 이상 옮기지 않았다. 이것이 우리가 말하는 분원가마이며 이 분원가마가 이후 130년간 조선 백자의 마지막을 장식하게 된다.

분원백자는 대단히 우수한 도자기로 영·정조 문예부흥기라는 말에 걸맞은 양과 질을 보여주었다. 특히 '갑발번조匣鉢燔造'라고 하여 목욕대야처럼 생긴 큰 그릇인 갑발을 덮고 구워냄으로써 잡티 하나 없이 맑은 백자를 만들어냈다. 분원에서는 왕실자기뿐만 아니라 사대부를 소비자로 하여 필통, 연적 같은 문방구는 물론이고 술병, 항아리, 반상기들도 제작하였다. 당시 갑발번조 그릇 몇 개 값이 유기 반상기 한 세트와 맞먹었다고 한다.

분원백자는 빛깔, 기형, 문양 모두가 참으로 아름답고 사랑스럽다. 기형에는 풍요로운 감정이 넘치고 빛깔은 따뜻한 청백색이며 문양이 아주 다양하고 그림솜씨가 빼어나다. 분원백자의 명품은 하나둘이 아니다. 그중 일본 오사카시립동양도자미술관에 소장된 백자진사연꽃무늬항아리는 분원백자의 백미이다. 높이 45cm의 듬직한 크기에 어깨는 풍만하고 허리로 내려오는 곡선이 유려하다. 어깨에 빛나는 맑은 청백색이 전형적인 분원 갑발번조 빛깔이다. 넓은 기면에 청화와 붉은 진사로 그린 연꽃의 모습은 너무도 고고하다. 고 최순우 선생은 이것을 단원 김홍도의 작품으로 추정할 정도였다. 여기가 분원가마의 정점이었다. 이후 분원가마는 급격히 내리막을 걷고 끝내는 왜사기倭沙器에 밀려 고종 20년(1883)에 민영화되면서 조선 백자의 막을 내렸다.

백자진사연꽃무늬항아리
조선 18세기 · 높이 44.3cm · 일본 오사카시립동양도자미술관

일본 고류지의 목조반가사유상

'미스 백제' 규암 출토 금동관음보살입상

법정 스님 선방의 철불 사진

금강산 출토 금동보살상

수종사 금동보살상

불국사 석가탑

익산 왕궁리 오층석탑

불국사 대웅전 앞 석등

영암사터 쌍사자석등

장흥 보림사

쌍봉사 철감선사탑

연곡사 승탑

굴산사터 당간지주

경주 첨성대

경복궁 근정전

경복궁 영제교의 천록

근정전 월대의 석견

경복궁 빈전

궁궐의 취병

궁궐의 박석

입하의 개화

창덕궁 호랑이

종묘제례

조선왕릉

안압지

경주 사천왕사

안동 봉정사 대웅전

묵계서원 만휴정

보길도 부용동

남해 가천 다랑이논

조각
건축

Sculpture · Architecture

054-081

054   일본 고류지의 목조반가사유상

    우리나라 국보 제83호 금동미륵반가사유상과 너무나 닮은 교토京都 고류지廣隆寺의 목조미륵반가사유상은 천하의 명작으로 이 불상의 아름다움과 신비로운 미소에 대해서는 무수한 글이 남아 있다. 그중 가장 감동적인 것은 1945년, 일본을 방문한 실존주의 철학자 칼 야스퍼스Karl Theodor Jaspers가 《패전의 피안에 남긴 것들》에서 보낸 찬사다.

    나는 지금까지 철학자로서 인간 존재의 최고로 완성된 모습을 표현한 여러 형태의 신상神像들을 접해왔습니다. 고대 그리스의 신상, 로마시대의 뛰어난 조각, 기독교적 사랑을 표현한 조각들도 보았습니다. 그러나 이러한 조각들에는 어딘지 인간적인 감정의 자취가 남아 있어 절대자만이 보여주는 모습은 아니었습니다. 그런데 지금 나는 이 미륵상에서 인간 존재의 가장 정화되고, 가장 원만하고, 가장 영원한 모습을 보고 있습니다. 나는 철학자로 살아오면서 이 불상만큼 인간 실존의 진실로 평화로운 모습을 본 적이 없었습니다.

    이 불상은 여러 이유로 우리나라에서 만들어 보내준 것으로 추정하고 있다. 고류지는 진하승秦河勝이라는 신라인이 세운 절로 당시 이름은 진사秦寺라 하였는데 《일본서기日本書紀》 623년조를 보면 "신라 사신이 불상을 가져와 진사에 봉안했다"라는 기록이 있다.

    1951년 교토대학 식물학과에 다니는 한 학생(훗날 이 학교 교수가 됨)은 관리인에게 부탁하여 나무 부스러기를 눈곱만큼(이쑤시개의 5분의 1 정도) 떼어내어 현미경으로 관찰하였다. 그 결과 나무의 재질은 놀랍게도 소나무였다. 당시 아스카시대의 일본 목조불상들은 대개 녹나무였는데 이 불상만이 유일하게 소나무였던 것이다.

    물론 이것만으로 우리나라에서 만든 불상이라는 필요충분조건을 다 갖춘 것은 아니다. 다만 한 가지 분명한 것은 일본의 미술사가들도 이와 같은 불상은 '도래渡來' 양식이라고 해서 일본화된 불상과 분리하여 말한다는 사실이다. 이런 연유로 나는 교토에 가면 우리 국보를 만나러가듯 고류지에 들르곤 한다.

목조반가사유상
일본 아스카 7세기·높이 84.2cm·일본 고류지

055 '미스 백제' 규암 출토 금동관음보살입상

문화재에 이름을 붙이는 데는 일정한 원칙이 있다. '재료+내용+형태' 순이 기본이다. 예를 들어 '청자+사자모양+향로', '금동+보살+입상' 식이다. 그러다 보니 똑같은 이름의 유물이 수없이 나오게 되어 학생들은 애칭을 붙여 그 유물의 고유한 성격을 기억하곤 한다. '삼화령 애기부처', '신라 짱구불상', '미스터 통일신라'……. 그중 '미스 백제'라는 보살상이 있다.

이 금동보살입상은 부여 규암에서 출토된 것이다. 1907년 어느 날 백마강 건너편 규암리에 사는 한 농부가 밭을 갈다가 옛날 쇠솥이 하나 파묻혀 있어 이를 꺼내 뚜껑을 열어보니 그 속에는 높이 21cm와 28cm의 금동보살상 둘이 마치 자매처럼 나란히 들어 있었던 것이다.

농부는 이 사실을 숨기지 않고 마을 사람들에게 얘기했는데 당시 조선통감부에서 나와 있던 일본 헌병이 나타나 주인이 나타날 때까지 유실물로 보관한다고 가져갔다고 한다. 그리고 1년 뒤 '임자 없는 물건'이라 하여 일본인들을 상대로 입찰에 부쳐졌다. 이구열 선생은 《한국문화재 수난사》에서 당시 낙찰자가 니와세 히로유키庭瀬博幸라는 일본인이었다고 증언하고 있다. 그는 둘 중 큰 보살상을 대구의 컬렉터인 이치다 지로市田次郎에게 팔고 작은 보살상만 갖고 있었다. 해방이 되면서 압수되어 지금 국립중앙박물관에 소장된 보살상이 바로 '미스 백제'이다.

늘씬한 몸매에다 복스러운 얼굴에는 가느다란 미소가 흐르고 있다. 머리엔 화사한 보관寶冠을 쓰고 있고 몸에는 아름다운 영락장식을 ×자로 무릎까지 길게 걸치고 어깨에서 발아래까지 드리워진 천의天衣 자락을 왼손 끝으로 살포시 잡고 있다. 앞모습뿐만 아니라 뒷모습도, 곁태도 어여뻐 가히 학생들이 '미스 백제'라고 부를 만하다. 그러나 '미스 백제'와 짝을 이루었던 큰 보살상이 어디에 있는지 아직껏 모른다. 이치다 지로가 가져간 우리 문화재의 행방 자체가 오리무중이다. 어쩌다 박물관에 가서 이 보살상을 볼 때면 언니와 헤어져 홀로 있는 것 같아 안쓰러워지는데 '미스 백제'는 '규암 출토 금동관음보살입상(국보 제293호)'이라는 이름표를 달고 여전히 천의 자락을 매만지며 미소를 잃지 않고 있다.

규암 출토 금동관음보살입상
백제 7세기 전반 · 높이 21.1cm · 국립부여박물관

056   법정 스님 선방의 철불 사진

2010년 3월 11일 법정 스님이 열반에 드셨다. 모든 언론에서 '무소유'를 몸소 실천하시며 대중들에게 '맑고 향기롭게' 사는 길을 설파하신 스님의 높은 수행과 도덕을 추모하였다. 연일 텔레비전 뉴스와 특집방송에서는 줄곧 스님의 마지막 거처였던 강원도 산골, 전깃불도 들어오지 않는 오두막집을 비추곤 하였다. 화전민 집을 고쳐 지은 작고 소박한 집은 실내에도 스님의 고고한 취미가 배어 있었다. 화면에 비치는 것이라곤 소탈한 서안書案과 모서리의 달항아리, 벽 위의 불두佛頭 사진밖에 없다.

특히 액자에 들어 있는 불두는 국립중앙박물관이 소장하고 있는 나말여초 철조비로자나불좌상의 사진이다. 이 불상은 그리 유명하지 않다. 하필이면 이 철불을 고르셨을까. 본래 나말여초는 철불의 시대여서 숱한 명작들이 이미 국보, 보물로 지정되었다. 조형적으로 본다면 서산 보원사터 철불이 뛰어나고, 규모로 치면 경기도 광주 춘궁리에서 출토된 것이 장대하며, 절대연대를 말해주는 초기 철불로는 장흥 보림사와 철원 도피안사의 철불이 있다. 그래서 이 철불은 어느 불상 도록에도 비중 있게 실려 있지 않고 나 또한 특별히 눈여겨보지 않았다.

그러나 누가 찍었는지 이 불상의 모습은 내가 평소 알고 있던 인상과 사뭇 달라 보였다. 아래쪽에서 비스듬히 올려다본 시각으로 포착한 불두는 부처라기보다 현세적 이미지가 강한 가운데 은은한 미소를 띠고 있어 아주 부드러운 인상을 준다. 눈가의 주름을 표현한 필치가 강한 질감으로 나타난 대단히 조형적인 불상이다. 강하면서도 부드러운 인상을 주는 철불, 과연 법정 스님이 좋아할 불상이다.

박물관에 문의해보니 지금 3층 불상실에 전시되어 있다고 하여 다시 가보았다. 텔레비전 영상에서 본 사진의 각도에서 바라보니 인자하면서도 법열法悅에 든 듯한 편안한 모습으로 다가왔다. 스님은 그것을 구도자의 표상으로 받아들였던 것이리라. 법정 스님 방의 불두 사진은 구하지 못하여 여기에 싣지 못하지만, 이제 이 철불을 보면 스님 생전의 모습이 떠오를 것만 같다.

철조비로자나불좌상
고려 10세기 · 높이 112.1cm · 국립중앙박물관

금강산 출토 금동보살상

고려시대 불상이라고 하면 으레 관촉사灌燭寺의 석조관음보살상, 속칭 은진미륵恩津彌勒을 떠올리면서 통일신라보다 조각 솜씨가 떨어진다고 말하곤 한다. 중·고등학교 교과서에 그렇게 적혀 있기 때문이다. 그러나 은진미륵은 이 지역에 조성된 토속적인 이미지의 예외적인 불상일 뿐, 고려시대를 대표할 이미지가 아니다.

고려시대에도 왕실에서 발원한 불상은 더없이 정교하고 화려하다. 호림박물관 소장 금동대세지보살좌상은 상감청자를 빚어낸 고려인들의 솜씨를 남김없이 보여준다. 금강산 장안사에서 출토되었다고 전하는 이 보살상은 아담한 크기로 보관엔 세지보살의 상징인 정병을 새겼고, 오른손으로는 연꽃에 감싸인 법화경 일곱 책을 살포시 잡고 있다. 날렵한 몸매를 휘감고 도는 아름다운 영락장식은 세 겹 연화대좌까지 길게 늘어져 있다. 엷은 미소를 머금은 앳된 얼굴엔 명상 분위기가 조용히 흐른다.

국립춘천박물관에는 이와 쌍을 이루었다고 생각되는 금동관음보살상이 한 점 있다. 크기도 거의 같고 조각도 한 솜씨인 것이 분명해 보인다. 보관에 화불化佛을 새긴 것만 다를 뿐이다. 그렇다면 관음과 세지를 협시보살脇侍菩薩로 양옆에 둔 아미타여래상이 있었다는 얘기가 된다. 그렇게 세 분이 쌍을 이루었다면 정말로 화려하고 환상적인 분위기가 연출되었을 것이다.

이런 스타일의 불상은 원나라 라마교에 연유한 것으로 장안사가 기황후奇皇后의 원당 사찰이었다는 사실과 긴밀히 연관된다. 기황후는 명문가 여인으로 고려 출신 환관인 고용보高龍普의 추천으로 궁녀가 되었다가 우여곡절 끝에 원나라 순제의 황후가 되었다. 기황후는 고국의 금강산 장안사에 거액의 내탕금內帑金(판공비)을 내어 대대적인 불사를 일으키고 많은 불상을 봉안했다고 한다. 어쩌면 그때 제작된 것인지도 모른다.

금강산에서는 이 외에도 많은 고려 금동불이 출토되었다. 특히 내금강에서 나왔다고 전하는 불상들을 보면 한결같이 화려한 이미지를 보여준다. 금강산이라는 장소성이 이런 명작을 이끌어낸 것인지도 모른다.

금동관음보살좌상(왼쪽)
고려 14세기 · 높이 18.1cm · 국립춘천박물관

금동대세지보살좌상(오른쪽)
고려 · 높이 16.0cm 폭 12.2cm · 호림미술관

　　　　　　수종사 금동보살상

　　서울 조계사 경내에 있는 불교중앙박물관에서는 '삶, 그 후'라는 제목의 지장보살 특별전이 열렸다. 불교에서는 죽음을 또 다른 삶의 시작으로 생각하는 바 '삶, 그 후'에서는 명부冥府의 세계를 주재하는 지장보살의 갖가지 모습을 보여주었다. 고려·조선시대의 대표적인 지장보살상들을 이렇게 한자리에 모아놓고 보니 시대에 따라, 사찰에 따라 그 모습이 너무도 다르다는 것이 아주 흥미로웠다.

　　보물 제280호 선운사 도솔암의 금동지장보살좌상은 자못 영민해 보이고, 동국대학교박물관의 목조지장보살반가상은 준수한 미남형인데, 예천 용문사의 목조지장보살좌상은 힘이 장사다. 그중 나의 눈길이 가장 오래 머문 분은 수종사 水鐘寺 팔각오층석탑에서 발견된 금동지장보살좌상이다. 높이 9.5cm의 아주 작은 지장상이지만 그 천진스러운 자태는 아기 스님을 연상케 하며 절로 가벼운 미소를 짓게 한다. 가히 조선시대 불상다운 명작이라 할 만하다.

　　남한강과 북한강이 만나는 두물머리(양수리)가 한눈에 내려다보이는 운길산 수종사에는 아담한 팔각오층석탑이 있는데 1957년 수리 복원 때는 작은 불상이 20구나 출토되었고, 1970년에 해체하여 옮길 때는 12구가 더 발견되었다. 그런데 딱하게도 나중 12구를 분실하여 행방을 모르다가 지금은 국립중앙박물관에 6구, 동아대학교박물관에 2구가 소장되어 있고 4구는 아직도 찾지 못했다.

　　명문을 보면 30여 구의 불상 중 반은 태종의 후비인 '명빈明嬪김씨'가, 반은 선조의 후비인 인목仁穆대비가 발원한 것이다. 조선 초기에 불교가 억압받고 있을 때 왕비들의 후원으로 그 명맥이 유지되었음은 잘 알려진 사실이다. 그런 조성 배경 때문인지 신라·고려 불상들과는 달리 한결같이 앳된 얼굴에 애잔한 모습을 하고 있다. 어떤 억압 속에서도 버릴 수 없었던 불심이 엿보인다. 절대자의 권위와 힘을 강조한 근엄한 불상과는 다른 종교적 이상이 읽혀지기도 한다. 조각 작품으로 보아도 대단히 개성 있는 인체조각이다. 이 작고 다소곳한 불상에서 깊은 종교적·예술적 감동을 동시에 받고 있자니 예배의 대상으로 보건 예술 작품으로 보건 불상을 보는 눈은 다르지 않다는 생각이 든다.

금동지장보살좌상
조선 1628년 · 높이 9.5cm · 동아대학교박물관

수종사 팔각오층석탑 출토 불·보살상
조선 1628년·높이 10.0cm 전후·불교중앙박물관

059 불국사 석가탑

불국사 석가탑(국보 제21호)의 기단부 갑석甲石(받침돌 위에 얹은 넓적한 돌)에 폭 5mm, 길이 132cm 크기의 균열이 생겼다는 안타까운 소식이 있었다. 다보탑(국보 제20호)의 석재들이 심각하게 노화되어 2010년 말 대대적인 수리 끝에 다시 태어 났듯이 이제 석가탑도 천년 만에 대수술을 받게 될 것 같다.

신라 경덕왕 10년(751) 불국사 창건 때 착공된 석가탑은 우리나라 석탑의 전형이다. 석탑은 7세기 백제의 익산 미륵사탑에서 시작되었고 정림사탑, 감은사탑을 거쳐 불국사 석가탑에서 삼층석탑이라는 형식적 완성을 이룬다. 이후 모든 석탑은 석가탑을 충실히 따르거나 변주하면서 다양하게 나타났다. 이리하여 중국의 전탑, 일본의 목탑과 달리 우리나라는 석탑의 나라로 발전하였다.

석가탑의 아름다움은 한마디로 이상적 조화미를 추구하는 고전미이다. 석가탑에는 고전 미술의 3대 요소라는 비례proportion·균형symmetry·조화harmony가 절묘하게 들어 있다. 일본인 측량기사인 요네다 미요지米田美代治가 밝혀낸 석가탑의 비례 관계를 보면 놀라울 정도로 치밀하다. 아래 기단 폭을 한 변으로 하는 정삼각형의 꼭짓점은 1층 몸돌 끝에 닿는다. 1·2·3층 몸돌과 지붕돌 폭의 비례는 4:3:2를 이룬다. 상층 기단의 길이와 탑 몸체의 높이는 황금비례(A:B=B:A+B)다. 그리고 상륜부 꼭짓점에서 1·2·3층 지붕돌의 처마 끝을 선으로 이으면 일직선을 이루며 80도를 유지한다. 그래서 석가탑은 고전적 기품의 단아한 아름다움을 보여준다.

석가탑은 오래전부터 기단부의 판석들 사이에 틈이 가기 시작했다. 해체 보수할 정도는 아니었기 때문에 여러 곳에 계측기를 설치하고 모니터링을 해왔다. 그것은 마치 중환자실에서 검사받고 있는 환자를 연상케 하는 안쓰러운 모습이었다. 그러다 마침내 갑석이 탑의 무게를 이기지 못하고 갈라졌으니 의사들이 마지막 방법으로 수술을 택하듯 석가탑도 재생을 위한 최후의 선택을 내리지 않을 수 없을 것 같다. 안타깝지만 어쩌겠는가. 무생물도 수명이 있는 것을.

불국사 석가탑
통일신라 8세기 중엽·높이 8.2m·경북 경주 진현동

060

익산 왕궁리 오층석탑

익산 왕궁리 오층석탑은 부여 정림사 오층석탑을 가장 충실히 계승한 백제탑이다. 높이 8.5m의 제법 큰 규모로 육중한 볼륨감이 있는데 얇은 지붕돌의 경쾌한 느낌은 백제탑만의 멋이다. 다만 정림사탑에 비하여 약간 둔중해 보인다. 이 때문에 이 탑의 제작 시기를 놓고 미술사가들은 제각기 7세기 백제설, 8세기 통일신라설, 10세기 고려설을 제기하고 있다.

이 탑의 연대 추정을 어렵게 만든 것은 여기서 발견된 사리장엄구의 내용이 복잡하기 때문이다. 1965년 탑을 해체 수리할 때 사리장치가 두 군데서 발견되었다. 하나는 원래 목탑의 사리공에서 신라 9세기 이후에 제작된 금동불상과 청동 방울이 발견되었다. 그래서 고려 초에 지역적 특성을 반영하여 세운 탑이라는 견해가 나온 것이다. 또 하나는 1층 지붕돌의 사리공에서 아주 아름다운 사리장치가 나왔다. 순금으로 만든 연꽃무늬 사리함과 파란 유리 사리병은 지금도 우리나라 금속공예의 대표작으로 꼽는다. 당시 학자들은 이 사리함을 통일신라 유물로 보고 탑도 통일신라대로 추정한 것이다. 그러나 최근에 왕흥사터와 미륵사 서탑에서 백제의 정교한 사리함들이 속속 발견되면서 이제는 백제의 유물로 보는 견해가 우세해져 통일신라설은 힘을 잃었다.

이런 사실들을 모두 감안해서 정리해보면 다음과 같다. 왕궁리 절터는 본래 백제 무왕이 미륵사를 지으면서 금마로 천도할 계획을 갖고 있을 때 지은 별궁이 있던 자리다. 그러나 천도 계획이 무산되면서 별궁은 폐궁이 되었고 그 자리에는 절이 지어졌다. 주변에서 나온 '상부대관上部大官'이라는 관서명과 '궁사宮寺'라는 절 이름이 새겨진 기와편은 이런 사실을 뒷받침해준다.

이 절을 처음 지을 때는 목탑이었는데 무슨 사정에서인지 나중에 오층석탑으로 바뀌었고 이때 이 아름다운 사리함을 장치하였던 것으로 보인다. 그러다 나말여초를 거치면서 한 차례 수리할 때 이 불상이 봉안된 것으로 추정된다. 아무튼 실루엣이 환상적인 왕궁리 오층석탑이 백제풍의 우아한 탑이라는 사실에는 아무 이론이 없다.

왕궁리 오층석탑
백제 7세기·높이 8.5m·전북 익산 왕궁리

061

불국사 대웅전 앞 석등

불국사에 가면 사람들은 석가탑과 다보탑의 아름다움에 취해 바로 곁의 석등에는 좀처럼 눈길을 주지 않는다. 그러나 불국사 대웅전 앞 석등은 통일신라 고전미를 유감없이 보여주는 또 하나의 명작이다. 사찰에서 등은 어둠을 밝히는 기능뿐만 아니라 부처님 말씀을 의미하는 상징성이 있다. 그래서 불교에서 스승이 제자에게 내려 주는 가르침을 전등傳燈이라 하고 가람배치에서는 석등을 절 마당의 중심에 놓는다.

같은 등이라도 중국과 일본 사찰에서는 청동이나 나무로 세웠는데 우리나라는 양질의 화강암 덕분에 석등으로 발전했다. 석등은 석탑과 마찬가지로 백제 미륵사에서 시작되어 통일신라 불국사에 와서 하나의 전형으로 창조되었다. 석등은 구조가 아주 간단하다. 기단에서 곧게 세워진 팔각기둥 위에 불을 밝히는 화사석火舍石을 얹고 그 위에 지붕돌을 덮어놓는 구조다. 기단석과 화사석의 받침대는 대개 여덟 장 연꽃잎을 복련覆蓮과 앙련仰蓮으로 새겼다.

불국사 대웅전 앞 석등의 아름다움은 석가탑과 마찬가지로 뛰어난 비례 감각을 보여주는 데 있다. 돌의 두께가 둔중하지도 가볍지도 않게 알맞으면서 늘씬하고, 단정한 화사석에는 아무런 장식이 없으며 지붕돌 역시 부드러운 곡선으로 나타냈을 뿐인데 그 흔연한 어울림이란 마치 귀공녀를 보는 듯한 기품이 있다. 연꽃새김을 자세히 보면 겉꽃 속에서 새 꽃잎이 머리를 살짝 드러내고 있다. 화사석에는 창문틀이 가볍게 새겨졌다. 감정의 절제미가 들어 있다고나 할까. 그리고 석등 앞에는 넓적한 배례석拜禮石이 있어 석등의 존재와 의미를 높여주는데 옆면 모서리를 마치 상다리처럼 조각하여 안상眼象을 명확히 했다.

석등은 절 마당이 아무리 넓어도 하나만 세우는 것이 오랜 전통이다. 이는 《현우경賢愚經》의 빈녀난타품貧女難陀品에서 부자의 화려한 등불보다 가난하나 진실된 자의 등불 하나가 더 부처의 마음에 다가간다고 한 데서 유래한다. 그런데 요즘 절에서는 화려한 석등을 쌍으로 설치하는 것이 유행하고 있다. 경전에 맞지 않는 이런 현대식 쌍등을 볼 때면 불국사 대웅전 앞 석등이 조형적으로, 종교적으로 얼마나 뛰어난 명작인가를 새삼 느끼게 된다.

불국사 대웅전 앞 석등
통일신라 8세기 · 높이 3.1m · 경북 경주 진현동

062 영암사터 쌍사자석등

8세기 3/4분기, 통일신라 경덕왕 때는 우리나라 고전미술이 완성된 시기였다. 고전미술의 본질은 전형典型·typical type의 창조에 있다. 앞 시기의 다양한 예술적 시도들을 수렴하여 하나의 모범 답안을 제시함으로써 이후 일어나는 모든 양식의 기준이 될 때 그것을 전형이라고 한다. 그러나 전형이 똑같은 양식의 되풀이를 의미하는 것은 아니다. 진정한 전형에는 변화로 나아가는 길이 열려 있다. 석가탑이 탄생할 때 다보탑이라는 화려한 이형탑異形塔이 동반된 것과 같은 다양성이 보장된다.

불국사 대웅전 앞 석등이 하나의 전형으로 완성되자 여기서도 변주가 일어났다. 쌍사자석등이 바로 그것이다. 두 마리의 사자가 가슴과 앞발을 맞대고 화사석을 떠받치는 기발한 구조의 쌍사자석등은 보은 법주사(국보 제5호), 광양 옥룡사터(국보 제103호, 국립광주박물관), 합천 영암사터(보물 제353호) 그리고 하반부만 남은 공주 대통사터의 쌍사자석등(국립공주박물관) 등 4기가 있다.

특히 영암사터 쌍사자석등은 병풍처럼 둘러진 황매산의 눈부신 화강암 골산과 환상적으로 어울린다. 마치 교향악단의 지휘자처럼 높직한 석축 위에 홀로 우뚝하다. 비록 영암사는 폐사지가 되었지만 쌍사자석등이 있음으로 해서 조금도 쓸쓸하다는 인상을 주지 않는다. 오히려 화려한 폐사지라는 느낌을 줄 정도다.

사자의 생김새를 보면 털북숭이 삽살개 같은 친근미가 있어 중국, 일본의 사자처럼 사납지가 않다. 화사석을 번쩍 들어 올리느라 뒷다리에 한껏 힘을 주어 엉덩이가 올라간 모습에선 석공의 유머감각을 볼 수 있다. 그러나 이 쌍사자석등이 조각적으로 대성공을 이룬 것은 두 마리 사자의 뒷다리와 앞발 사이를 깎아낸 공허공간空虛空間의 구사에 있다. 조각은 원래 괴량감mass을 기본으로 한다. 현대조각에서 이 고정관념을 깬 것이 헨리 무어의 조각이다. 그런데 1200년 전 우리의 석공들이 공허공간을 이처럼 능숙하게 구사했다는 사실은 놀라운 일이 아닐 수 없다.

사자는 불교의 신성한 동물로 인도·중국·일본의 불교조각에 두루 나타났지만 쌍사자석등은 세계 어느 나라에도 없다. 통일신라 이전에도 없고 통일신라 이후에도 없고 오직 통일신라시대에만 나왔다.

영암사터 쌍사자석등
통일신라 9세기·높이 2.3m·경남 합천 둔내리

063   장흥 보림사

우리는 신라의 역사를 보통 고신라시대와 통일신라시대로 구분한다. 그러나 통일신라라는 단어는 현대 역사가들이 만들어낸 개념으로 올바른 표현도 아니다. 김부식은 《삼국사기》에서 신라 역사의 찬술을 마치면서 "신라 사람들은 자신들의 역사를 상대, 중대, 하대로 구분하였다"라고 증언했다. 상대신라는 우리가 고신라라고 부르는 700여 년간이고 중대신라는 무열왕에서 혜공왕까지, 하대신라는 선덕왕 이후 멸망까지를 일컫는다.

실제로 신라의 중대와 하대는 정치적으로나 문화적으로나 너무도 달랐다. 김양상이 혜공왕을 죽이고 선덕왕으로 즉위하면서 하대신라에는 걷잡을 수 없는 쿠데타의 악순환이 일어나 150년간 왕이 20명이나 교체되었다. 이런 정치적 혼란으로 경주의 왕실 귀족문화는 급속히 퇴락의 길로 떨어졌다. 바로 이 시점에서 신라 문화에 새로운 활력을 불러일으킨 것은 지방의 호족세력과 이들의 지원을 받은 선종禪宗사찰들이었다. 하대신라는 호족의 시대, 선종의 시대였다.

전라남도 장흥 가지산 보림사寶林寺는 하대신라를 상징하는 사찰이다. 중대신라에 불국사와 석굴암이 있다면 하대신라엔 장흥 보림사가 있다. 보림사는 후대에 구산선문이라고 부르는 아홉 곳의 선종사찰 중 가장 먼저 창건되었다. 보림사 이후 전국 각지에서 약속이나 한 듯이 유학승과 고승들이 호족들의 지원을 받아 남원 실상사, 곡성 태안사, 보령 성주사, 문경 봉암사, 영월 법흥사 등을 개창했다.

하대신라는 철불의 세기였다. 보림사에는 헌안왕 2년(858)에 봉안한 철조비로자나불좌상이 있다. 이 철불은 중대신라 경주의 불상과는 전혀 다른 현세적이고 개성 강한 얼굴에 강한 육체미를 과시한다. 중대 신라 불상들의 이상적인 인간상이 여기에 와서는 호족의 자화상 같은 파워풀한 이미지로 바뀌었다. 이처럼 보림사는 하대신라의 문화적 역동성을 완벽하게 보여준다.

구산선문에는 거의 다 개산조開山祖의 승탑僧塔과 비가 세워졌다. 고승의 사리를 봉안한 승탑은 중대신라엔 없던 하대신라의 새로운 창출이자 상징적 양식이다. 선종에선 절대자의 개념이 거룩한 부처에 머물지 않고 깨우친 마음이 곧 부처라고 했다. 그렇다면 이제 사찰은 석가모니의 사리를 모신 탑을 세우듯 고승의 사

보림사 철조비로자나불좌상
통일신라 858년·높이 2.5m·전남 장흥 봉덕리

리를 모시는 것이 교리상으로 가능했고 현실적으로 필요했다. 이리하여 하대신라에는 승탑과 스님의 공적을 새긴 비석이 크게 유행했다. 하대신라는 승탑의 세기였으며 그 승탑과 비석이 가장 완벽하게 남아 있는 것도 보림사이다.

　　보림사의 보조선사창성탑普照禪師彰聖塔은 하대신라의 전형적인 팔각당 사리탑이다. 상중하 3단 구성으로 아래 기단에는 뭉게구름, 위 기단에는 겹꽃의 연꽃무늬를 장식하고 가운데 팔각기둥에는 안상을 새겨 넣었다. 팔각당의 몸체에는 앞뒷면에 문짝과 함께 자물쇠와 문고리를 나타내고 사천왕을 조각하여 여기에 사리를 모셨음을 암시하였다. 그리고 기와를 새긴 지붕돌로 마감하였다. 동시대 다른 팔각당 사리탑과 비교할 때 전체적으로 늘씬하면서도 장자다운 기품이 넘쳐흐른다.

보림사 보조선사창성탑 앞에는 스님의 공적을 기린 비석이 돌거북받침과 용머리지붕돌을 온전히 갖추고 서 있다. 이처럼 보림사는 하대신라의 승탑과 비석을 완벽하게 암시해준다.

　　모든 시대는 그 시대를 상징하는 시각적 이미지를 갖고 있다. 하대신라의 이미지는 단연코 보림사에서 찾게 된다. 보림사를 모르는 사람은 하대신라의 시대상을 모르는 사람이고, 하대신라라는 시대상을 모르면 보림사는 그저 한반도 남쪽 끝의 한적한 절집으로만 생각될 뿐이다.

보림사 보조선사창성탑비
통일신라 884년 · 높이 3.5m · 전남 장흥 봉덕리

064

쌍봉사 철감선사탑

우리나라 석조문화재 중 조각이 가장 화려하고 정교한 것을 꼽자면 단연코 화순 쌍봉사雙峰寺의 철감澈鑒 선사탑(국보 제57호)과 탑비(보물 제170호)를 먼저 떠올리게 된다. 철감선사 도윤道允(798~868)은 당나라에 유학하고 돌아와 쌍봉사에서 선종을 크게 전파하여 제자인 징효澄曉가 영월에 법흥사 사자산문을 열어 구산선문의 하나가 되었으니 하대신라에서 그의 위상을 능히 알만 하다.

철감선사탑은 우리나라 승탑의 백미로 기단에서 지붕돌까지 단단한 화강석을 마치 밀가루 반죽을 다루어 만든 것처럼 뛰어난 조각 솜씨를 보여준다. 아래 기단엔 뭉게구름 위에 여덟 마리 사자가 웅크리고 앉아 이 탑을 수호하고, 겹꽃 연꽃받침에 상다리 모양의 손잡이가 돌려진 위 기단에는 춤추고 악기를 연주하며 탑을 찬양하는 극락조들이 새겨졌다.

팔각당 몸돌 앞뒤로는 자물쇠가 잠긴 문짝과 사천왕 네 분 그리고 비천 한 쌍이 조각되어 여기에 사리를 모셨고 이를 엄히 지키고 있음을 상징하고 있는데 이 모든 조각들이 아주 높은 돋을새김이어서 마치 돌 밖으로 튀어나올 것만 같은 사실성을 보여준다. 거기에 암수 골기와 지붕의 겹처마 서까래와 연꽃무늬 수막새를 진짜 기와지붕처럼 정교하게 조각해 올려놓았다. 그 엄청난 세공이 놀랍기만 하여 우리나라에도 이런 정교한 작품이 있었던가 하는 감탄이 절로 일어난다.

곁에 있는 탑비는 비록 비석 자체는 잃었지만 돌거북받침과 용머리지붕돌 또한 당대의 명작이다. 여의주를 입에 물고 있는 돌거북의 네발을 보면 발톱으로 대지를 굳게 디디고 있는 모습인데 그중 오른쪽 앞발은 발바닥을 살짝 들어 올려 생동하는 듯한 움직임을 보여준다.

이런 훌륭한 조각은 석공 한 사람의 솜씨가 뛰어나다고 되는 것이 아니다. 9세기 후반 50년간엔 쌍봉사 이외에도 보림사·연곡사·태안사·실상사·고달사·선림원·봉암사 등에서 팔각당 사리탑의 명작들이 누가누가 잘하나 경쟁하듯 세워졌다. 하대신라 선종의 활기와 이를 지원한 지방 호족의 문화 능력이 강했기에 이 아름다운 승탑들이 만들어질 수 있었던 것이다.

쌍봉사 철감선사탑

통일신라 868년 · 높이 2.3m · 전남 화순 증리

065

연곡사 승탑

전라남도 구례군 토지면 내동리, 지리산 피아골 연곡사에는 아름다운 승탑과 탑비가 즐비하여 국보가 둘, 보물이 넷이나 된다. 탑이란 본래 부처님의 사리를 모시는 것인데 9세기 하대신라로 들어서면 고승들의 사리도 아담한 팔각당 탑에 모시면서 승탑이라는 새로운 양식이 생겼다.

이 승탑을 흔히는 부도浮屠라고도 부르지만 부도란 부처Buddha의 한자 표기로 잘못된 용어이다. 이는 일제강점기에 문화재를 지정하면서 스님의 이름을 알지 못하는 승탑을 부도라고 해둔 것이 마치 미술사와 불교의 전문용어인 것처럼 되어버렸다. 이러한 잘못된 관행으로 연곡사의 승탑들은 연곡사 동부도, 연곡사 북부도(국보 제54호), 연곡사 서부도(보물 제154호)라는 의미 전달도 되지 않는 문화재 명칭을 갖고 있다.

본래 승탑은 스님의 이름과 함께 고유명사가 된다. 연곡사 북부도는 '현각玄覺선사탑'이고 연곡사 서부도는 '소요逍遙대사탑'이라고 해야 맞다. 탑과 탑비에도 명백히 그렇게 적혀 있다. 다만 연곡사 동부도는 어느 스님인지 알 수 없으니 그냥 '연곡사 승탑'이라고 하면 된다.

연곡사 승탑은 하대신라의 전형적인 팔각당 사리탑으로 형태미가 아주 날렵하다. 몸체의 위쪽이 약간 좁아져 경쾌한 상승감이 일어나고 살짝 들린 지붕돌 처마선의 맵시는 교태스러울 정도다. 혹자는 여기서 미니스커트를 입은 젊은 미인을 연상케 하기도 한다고 말하기도 했다. 조각장식은 더없이 다양하고도 정교하다. 받침대에는 사자 여덟 마리, 몸체에는 사천왕 넷, 문짝 둘, 사리함 둘이 돋을새김으로 새겨졌고 몸체의 굄돌에는 신비로운 극락조가 날고 있다. 승탑 바로 곁에 있는 비석받침돌의 돌거북과 용머리지붕돌의 조각 솜씨 또한 생동감으로 넘친다.

그러나 비석이 사라져 어느 스님의 사리탑인지 모른다는 것은 한국 미술사와 불교사의 큰 아쉬움이다. 곡성 태안사의 혜철 스님 사리탑과 비슷한 면이 있어 그의 제자로 풍수에 밝았다는 도선 국사의 사리탑이 아닐까 생각되기도 하지만 도선은 광양 옥룡사에서 입적하였기 때문에 적극적으로 이 주장을 내세우고 있지는 못하고 있다. 누구일까? 이 아름다운 사리탑의 주인공은.

연곡사 동승탑
통일신라 9세기 · 높이 3.0m · 전남 구례 내동리

066

굴산사터 당간지주

명작의 조건 중 하나는 몇 번을 보아도 볼 때마다 깊은 감동이 있고, 일부러라도 그것을 찾아가게 하는 것이다. 그런 명작 중 하나가 강릉 굴산사掘山寺터 당간지주幢竿支柱이다. 드넓은 논 한가운데 버티듯 서 있는 5.4m의 육중한 돌기둥 한 쌍이 그렇게 감동적일 수 없다. 이런 것이야말로 설치미술이다. 당간지주란 절집에서 당幢(깃발)을 걸기 위한 간竿(장대)을 지탱해주는 지주대로 쉽게 말하면 절 기계양대 같은 것이다. 마주 보는 두 당간 허리에 구멍이 뚫려 있고 윗부분이 파인 것은 당을 고정시키기 위해 가로지르는 봉을 끼우기 위한 것이다.

통일신라의 당간지주들은 대부분 돌기둥을 곱게 다듬고 윤곽선을 단정하게 새긴 것이지만 굴산사터 당간지주만은 우람한 자연석에 최소한의 인공을 가하면서 정으로 쫀 자국을 그대로 남겨두어 자연스러운 형태미와 돌의 질감이 살아 있다. 현대조각에서나 볼 수 있는 텍스추어와 마티에르의 조형감각이 하대신라인 9세기에 구현되었다는 것이 놀랍다.

당간 자체는 사라졌지만 당간지주 높이가 5.4m라면 당간은 20m 이상 올려야 비례가 맞다. 계룡산 갑사 당간의 예에 비추어보면 아마도 지름 50cm, 높이 1m 정도의 철통을 20여 개 이어 붙여 세웠을 것 같다. 꼭대기 깃발을 올리는 도르래 장치는 연꽃봉오리 또는 용머리 조각을 장식했을 것이다. 이 거대한 당간에 아름다운 깃발이 휘날리는 모습을 상상해보면 굴산사의 위용을 가히 짐작할 수 있다.

굴산사는 하대신라 구산선문 중 하나로 범일泛日(810~889) 국사가 851년에 개창한 절이다. 범일 국사는 태어날 때부터 행적이 기이하고 도력이 높아 많은 전설을 낳았는데 세상을 떠난 뒤에는 대관령 서낭이 되었다고 한다. 그래서 유네스코 인류무형유산으로 등재된 강릉단오제는 대관령의 범일 국사 사당에 제사를 지내는 것으로 시작된다. 몇 년 전까지만 해도 이 당간지주는 아무도 찾아오지 않는 넓은 논 한가운데 있었다. 그때는 폐사지의 정취와 함께 역사적 상상력이 물씬 일어났다. 그런데 요즘 길도 넓게 내고, 주변을 정비하고 나서는 오히려 그런 맛을 잃었다. 유적지 보존에 환경적 고려가 절실히 요청되는 대목이다.

굴산사터 당간지주
통일신라 9세기·높이 5.4m·강원 강릉 학산리

067

경주 첨성대

아무리 국보라도 올바른 이해가 없으면 존경은커녕 모멸감이 앞서는 경우가 있다. 대표적인 예가 경주 첨성대瞻星臺다. 교과서적 지식으로 말하자면 선덕여왕 때 건립된 동양에서 가장 오래된 천문관측대이다. 그러나 막상 그 앞에 가보면 높이 10m도 안 되는 초라한 규모인지라 안쓰러운 마음이 일어난다. 저것도 천문대라고 올라가 하늘을 관측했다는 것인가. 차라리 언덕 위에 올라가 볼 것이지.

그러나 첨성대는 그런 것이 아니다. 중요한 것은 구조에 있다. 첨성대에는 자연에 관계되는 많은 상징성과 천체 변화의 기준을 잡아내는 관측 기능이 있다. 첨성대는 정사각형 기단 위에 두께 30cm의 돌을 27단으로 쌓아올린 병 모양의 형태로 정중앙에는 네모난 창이 뚫려 있고 꼭대기에는 2단의 정자석井字石이 모자처럼 얹혀 있다.

정자석은 신라 자오선의 표준으로 각 면이 정확히 동서남북의 방위를 가리킨다. 창문은 정남으로 뚫려 있어 춘분과 추분에 태양이 남중南中할 때 광선이 창문 속까지 완전히 비치고, 하지와 동지에는 창 아랫부분에서 광선이 완전히 사라진다. 즉, 춘분과 추분의 분점分點과 하지와 동지의 지점至點을 정확히 알려주는 것이다.

첨성대의 형태는 신라 도기에서 기대器臺라고 불리는 받침대 모습으로 하늘을 받치고 있는 형상이다. 구조의 상징성을 보면 아래는 네모지고 위가 둥근 것은 천원지방天圓地方을 뜻하며 첨성대를 이루는 돌을 어디까지 세느냐에 다르지만 총 360개에서 362개가 되니 이는 1년을 상징한다. 돌을 쌓은 27단과 기단부를 합하면 28단으로 별자리의 28수宿와 통하고, 거기에 2단으로 된 정자석까지 합하면 30단이 되어 한 달 길이에 해당한다. 가운데 난 창문을 기준으로 아래위가 각기 12단으로 나누어지니 이는 1년 12달과 24절기를 의미한다.

얼마나 절묘한 구조인가. 형태는 얼마나 아담하고 곡선은 얼마나 아름다운가. 첨성대는 맨 위 정자석의 길이가 기단부의 꼭 절반일 정도로 치밀히 설계된 것이다. 이런 상징성을 염두에 두고 첨성대를 바라보면 신라인의 과학과 수학과 예술에 절로 존경심이 일어난다.

첨성대
신라 7세기 · 높이 9.17m · 경북 경주 인왕동

068

경복궁 근정전

　며칠 전 미술사학과 4학년 현장수업으로 경복궁에 다녀왔다. 경복궁에 들어서면 사람들은 보통 품계석을 따라 난 어도를 밟고 곧장 근정전勤政殿 월대月臺(건물 앞의 넓은 단)로 오르지만, 나는 학생들을 근정문 행각 오른쪽 모서리로 모이게 한다. 왜냐하면 거기가 바로 근정전이 가장 아름답게 보이는 지점이기 때문이다. 마음 같아선 그 언저리에 '사진 잘 나오는 곳'이라는 푯말이라도 하나 새겨놓고 싶다. 듬직하고 가지런한 2단 석축의 월대, 높이 34m의 장엄한 근정전 중층 건물 그리고 팔작지붕이 연출해낸 아름다운 지붕 곡선이 멀찍이 비껴 있는 북악산과 인왕산을 향해 빈 하늘로 뻗어나가는 모습은 가히 한국의 아름다움을 대표할 만하다.

　거기에서 나는 학생들에게 근정전의 내력을 설명해주었다. 1395년(태조 4) 경복궁이 완성되자 태조는 정도전에게 궁궐의 모든 전각殿閣과 문루門樓의 이름을 짓게 했다. 이에 정도전은 국가의식을 거행하고 외국 사신을 맞이하는 등 임금의 상징적 공간인 이곳을 근정전이라 이름 짓고는 그 뜻을 풀이한 글을 따로 바쳤다.(《태조실록》4년 10월 7일)

　"천하의 일은 부지런하면 다스려지고 부지런하지 않으면 폐廢하게 됨은 필연의 이치입니다." 이렇게 서두를 꺼낸 정도전은 이어 《서경書經》의 말을 이끌어 부지런함의 미덕을 강조하고 그 역사적 사례들을 제시하였다. 그러고 나서 뼈 있는 충언을 덧붙였다. "그러나 임금으로서 오직 부지런해야 하는 것만 알고 무엇에 부지런해야 하는지를 모르면 부지런하다는 것이 오히려 번거롭고 까다로움에 흘러 보잘것없는 것이 됩니다."

　그러면 어떻게 하란 말인가. 정도전은 옛 현인의 자세를 이끌어 이렇게 충고했다. "아침엔 정무를 보고[聽政], 낮에는 사람을 만나보고[訪問], 저녁에는 지시할 사항을 다듬고[修令], 밤에는 몸을 편안히 하여야[安身] 하나니, 이것이 임금의 부지런함입니다." 쉴 땐 쉬는 것이 부지런함의 하나라는 것이다. 얼마나 멋진 충고인가. 그리고도 무엇인가 못 미더웠던지 정도전은 한마디를 더했다. "부디 어진 이를 찾는 데 부지런하시고, 어진 이를 쓰는 데는 빨리 하십시오." 근정전에는 그런 깊은 뜻이 서려 있다.

경복궁 행각 동남쪽에서 바라본 근정전
조선 1867년 재건 · 서울 세종로

069

경복궁 영제교의 천록

  우리는 경복궁의 상징적인 조각으로 해태獬豸상은 익히 알고 있으면서 천록
天祿, 天鹿이라는 조각상에 대해서는 잘 모르고 있다. 근정문 앞 금천禁川을 가로지
르는 영제교永濟橋 양옆 석축에 있는 네 마리의 돌짐승이 바로 천록이다. 이 돌짐
승을 혹은 해태, 혹은 산예라고 하지만, 해태는 털이 있어야 하고, 산예는 사자 모
양이어야 하는데 그런 특징이 보이지 않는다. 뿔이 하나인 데다 비늘이 있는 전형
적인 천록상이다.

  이 돌조각은 경복궁 창건 당시부터 있었던 것으로 조선시대 뛰어난 조각 작
품의 하나로 손꼽을 만한 명작이다. 다만 그중 한 마리는 이상하게도 등에 구멍이
나 있는데 실학자 유득공이 영조 46년(1770) 3월 3일 스승인 연암 박지원, 선배 학
자인 청장관 이덕무와 함께 서울을 나흘간 유람하고 쓴《춘성유기春城遊記》에 이
돌짐승 이야기가 나온다.

  "경복궁 옛 궁궐에 들어가니 궁 남문 안에는 다리가 있고 다리 동쪽에 천록
두 마리, 서쪽에 한 마리가 있다. 비늘과 갈기가 완연하게 잘 조각되어 있다." 그리
고 이어 말하기를 "남별궁南別宮 뒤뜰에 등이 뚫린 천록이 있는데 이와 매우 닮았
다. 필시 영제교 서쪽에 있던 하나를 옮겨다 놓은 듯한데 이를 증명할 만한 근거
는 없다"고 했다. 남별궁은 지금 조선호텔 자리에 있던 별궁으로 그것을 다시 찾
아 짝을 맞춘 것이다.

  《예문유취藝文類聚》등 옛 문헌을 보면 "천록은 아주 선한 짐승이다. 왕의 밝
은 은혜가 아래로 두루 미치면 나타난다"고 하는 전설상의 서수이다. 옛 궁궐에는
임금의 은혜가 백성에 미치는지 일거수일투족을 지켜보는 천록이 있었던 것이다.
천록은 시대마다 형상이 약간 다르다.

  백제 무령왕릉의 서수도 천록일 가능성이 크다. 무령왕릉의 천록은 선왕이
선정을 베풀었음을 증언하듯 당당히 무덤을 지키고 있지만, 경복궁의 천록은 앞
발에 턱을 고이고 넙죽 엎드려 있으면서 나타날까 말까 궁리 중인 것 같은 형상이
다. 게다가 한 마리는 혀를 내밀고 '메롱' 하며 놀리고 있다. 조선왕조는 이처럼 넉
넉한 인간미가 있었던 시대였다는 것이 이 천록상이 증언하고 있다.

경복궁 영제교 서북쪽의 천록
조선·높이 80.0cm·서울 세종로

070 근정전 월대의 석견

명작이라고 불리는 예술 작품의 공통점 중 하나는 디테일이 치밀하다는 것이다. 그래서 20세기 위대한 건축가의 한 명으로 손꼽히는 미즈 반 데어 로에는 "신은 디테일 속에 있다God is in the details"고 갈파한 바 있다. 경복궁 건축에는 명작이라는 이름에 값하는 다양한 디테일들이 곳곳에 있다.

그중 한 예가 근정전 월대의 돌짐승 조각이다. 상하 2단으로 되어 있는 근정전 월대에는 사방으로 돌계단이 나 있고 난간 기둥머리에는 모두 세 종류의 석상이 배치되어 있다. 하나는 사방을 지키는 청룡·백호·주작·현무의 사신상四神像이고, 또 하나는 방위와 시각을 상징하는 십이지十二支상이며, 나머지 하나는 서수상이다. 이 돌조각들로 인하여 기하학적 선과 면으로 구성된 차가운 월대에 자못 생기가 감돌고 사신상의 공간 관념과 십이지상의 시간 관념이 이 공간의 치세적 의미를 강조해준다.

또 한 예는 월대 남쪽 아래위 모서리의 돌출된 멍엣돌(모서리의 돌판을 받치는 쐐기돌) 네 곳에는 또 다른 한 쌍의 짐승이 아주 재미있게 조각되어 있다. 암수 한 쌍이 분명한데 몸은 밀착해 있으면서 딴청을 부리듯 서로 다른 방향을 바라보고 있고, 어미에게 바짝 매달려 있는 새끼까지 표현되어 절로 미소 짓게 한다.

이 석상에 대해서는 아직 정확히 고증된 바 없지만 유득공은 《춘성유기》에서 '석견石犬'이라고 하며 전해지는 전설 하나를 소개하고 있다. "근정전 월대 모서리에는 암수 석견이 있는데 암컷은 새끼 한 마리를 안고 있다. 무학대사는 이 석견은 남쪽 왜구를 향해 짖는 것이고, 개가 늙으면 대를 이어가라고 새끼를 표현해 넣은 것이라고 했다는 것이다." 유득공은 이렇게 말하고 나서 "그럼에도 임진왜란의 화禍를 면치 못했으니 그렇다면 이 석견의 죄란 말이냐"라며, 다만 재미있는 이야기일 뿐 모름지기 믿을 것은 못 된다고 했다.

그러나 지금 우리가 석견에 주목하는 것은 근정전이라는 엄숙한 공간에 이처럼 해학적인 조각상이 새겨져 있을 정도로 경복궁 건축의 디테일이 치밀하고 여유롭다는 점이다.

근정전 월대 남동쪽 일층 멍엣돌의 석견
조선·높이 78.0cm·서울 세종로

　　궁궐에는 많은 전각殿閣이 있어 흔히 구중九重궁궐이라며 복잡한 구성을 하고 있는 것으로 생각되지만 실제로는 몇 개의 권역으로 간명히 나뉘어 있다. 하나는 나라의 정사를 돌보는 치조治朝 공간으로 근정전, 사정전思政殿과 여러 편전便殿들이 이에 해당된다. 둘째는 왕과 왕비의 가족들이 생활하는 공간으로 왕이 기거하는 강녕전康寧殿, 왕비가 거처하는 교태전交泰殿 등 이른바 연조燕朝 공간이다. 이외에 경회루와 같은 연회宴會 공간이 있고, 경복궁의 녹원鹿苑, 창덕궁의 금원禁苑 같은 정원으로 구성되어 있다.

　　여기까지는 오늘날 대통령이 기거하며 근무하는 청와대의 공간 구성과 크게 다른 것이 없다. 그러나 조선시대 궁궐에는 현대사회에서는 생각조차 할 수 없는 또 하나의 공간이 있었으니 이는 죽은 이를 위한 빈전殯殿이다.

　　삶과 죽음을 자연스러운 인간의 운명으로 받아들여 왕이나 왕비가 세상을 떠나면 그 시신을 모신 관이 능으로 옮겨질 때까지 머무는 곳을 그때마다 마련하는 임시 공간이 아니라 궁궐 구성의 당당한 한 권역으로 삼았던 것이다.

　　망자란 이승에서 보면 세상을 떠난 자이지만 저승의 입장에서 보면 새 손님이기 때문에 주검 시尸변에 손 빈賓자를 써서 빈전이라고 부른다. 경복궁 서북쪽 한편에 있는 태원전泰元殿이 바로 빈전이다. 흥선대원군이 경복궁을 복원한 뒤 세상을 떠난 조대비趙大妃와 명성황후의 국장國葬 때 그 시신이 태원전에 모셔졌음이 조선왕조실록과 국장도감의궤에 나와 있다.

　　태원전 뒤쪽에는 작지만 절집의 선방 같은 아담한 건물이 하나 더 있다. 우리 한옥은 세 칸 집이 가장 예쁘다고 하는데 이 건물은 같은 세 칸이지만 기둥이 높고 지붕이 묵직하여 아담한 가운데 진중한 무게감이 느껴진다. 이 집은 돌아가신 이의 위패를 모시는 혼전魂殿으로 숙문당肅聞堂이라고 한다. 망자의 혼백이 남긴 말씀을 엄숙한 마음으로 듣는다는 뜻이다. 그래서 그런지 빈전은 세 칸짜리 작은 건물이지만 대단히 엄숙해 보인다.

경복궁 숙문당

조선·2005년 복원·정면 3칸 측면 1칸 맞배지붕집·서울 세종로

072

궁궐의 취병

 궁궐 담장의 기본은 사괴석四塊石(벽이나 담을 쌓는 데 쓰는 육면체의 돌) 기와돌담이다. 네모난 화강암을 가지런히 쌓고 석회로 줄눈을 넣어 반듯하게 마감하고는 그 위에 기와를 얹은 것이다. 사괴석 기와돌담은 보기에도 위엄과 품위가 있어 궁궐 바깥 담장으로는 제격이지만, 생활 공간의 안 담장으로는 너무 무거운 느낌을 준다. 그래서 궁궐 곳곳에는 벽돌담장, 꽃담장을 두른다. 민가에서 허튼 돌을 조각보 맞추듯 이어 쌓은 콩떡담장은 왕릉의 수복방守僕房에만 쓸 뿐 거의 사용하지 않는다.

 궁궐의 이런 여러 가지 담장 중에는 취병翠屛이라는 일종의 생울타리(살아 있는 나무를 심어 만든 울타리)도 있었다. 취병은 시누대를 시렁으로 엮어 나지막이 두르고 그 안에 키 작은 나무나 덩굴식물을 올려 여름에는 푸름으로 가득하고 겨울에는 얼기설기 엮은 대나무가 그대로 담장 구실을 한다. 취병은 서양에도 있어 장미넝쿨 생울 같은 꽃담 floral screen을 '트렐리스trellis'라고 부르지만, 자연과 인공의 조화를 중요한 미적 덕목으로 삼은 우리 옛 건축에 더없이 잘 들어맞는다.

 200년 전 창덕궁과 창경궁의 모습을 그린〈동궐도東闕圖〉에는 지금은 모두 사라졌지만 취병이 18곳이나 그려져 있다. 대개는 건물의 뒷담과 정자 주변에 둘러져 있는데 너른 마당을 낀 대문 앞에 가로지른 헛담으로 친 것도 있다. 조선 후기 백과사전이라 할《임원경제지林園經濟志》에는 취병 설치하는 법이 자세히 나와 있다. "버들고리를 격자 모양으로 엮어서 그 속을 기름진 흙으로 메운 다음 패랭이꽃이나 범부채와 같이 줄기가 짧고 아름다운 야생화를 심으면 꽃피는 계절엔 오색이 현란한 비단병풍처럼 된다."

 그러나 취병은 잘 돌보지 않으면 금세 풀덩이가 되거나 시누대가 쓰러져 버리고 만다. 조선왕조가 막을 내리고 궁궐의 전각들이 텅 비게 되면서 그 많던 취병은 모두 사라지고 말았다. 창덕궁은 근래에 이 전통을 되살리고자 부용정과 주합루 사이의 꽃계단[花階]에〈동궐도〉대로 취병을 설치했다. 그러나 아직은 그림처럼 예쁘지가 않다. 사라진 전통의 복원, 특히 조경의 재현에는 시간이 많이 걸리는 법이다.

동궐도 중 주합루 일원
조선 1830년경·273.0×576.0cm·고려대학교박물관

073

궁궐의 박석

   우리 궁궐 건축이 남다른 아름다움을 보여주고 있는 데는 박석薄石, 博石이
큰 몫을 한다. 박석은 고급 포장 재료이다. 넓적한 화강암 돌판으로 두께는 보통
12cm이고 넓이는 구들장의 두세 배 정도다. 박석은 주로 궁궐 건축에 사용되어
근정전의 앞마당인 전정殿庭, 종묘의 월대, 왕릉의 진입로인 참도參道 등에 깔려
있다. 서울의 옛 지명에 박석고개가 여럿 나오는데 이는 대개 왕릉으로 가는 고갯
길에 박석을 깔아 생긴 이름이다. 포장재로서 박석은 기능이 아주 탁월하다. 화강
암판이어서 잘 깨지지 않고, 빛깔이 잿빛이어서 눈에 거슬리지 않으며 표면이 적
당히 우툴두툴하여 미끄럼을 방지해주고 햇빛을 난반사시켜 땡볕에도 눈부심이
없다.

   박석은 이처럼 포장재료로서 탁월한 기능을 가졌을 뿐만 아니라 인공적인
직선이 구사된 궁궐 건축에 자연적인 맛을 살려 자연과 인공의 어울림을 꾀한 우
리의 건축 미학에 잘 맞아떨어진다. 내가 외국의 박물관장이나 미술평론가를 데
리고 경복궁에 가면 그들은 근정전의 박석을 보면서 한결같이 포스트모던 아트에
서나 볼 수 있는 현대적 감각이라고 감탄을 금치 못한다. 언젠가 경복궁 관리소장
에게 근정전은 어느 때가 가장 아름답게 보이느냐고 물었더니 장마철 큰비가 내
릴 때 빗물이 박석의 골을 타고 여러 갈래로 흘러내리는 모습이 정말로 아름답다
고 했다.

   그럼에도 불구하고 혹자는 박석의 자연스러움을 오히려 마감에 충실하지 못
한 우리 건축의 폐단이라고 불만을 말하기도 한다. 이런 분들은 화강암을 반듯하
게 다듬어 깐 창덕궁 인정전을 보면 그 기능은 고사하고 얼마나 멋이 없는지 바로
느낄 수 있을 것이다. 창덕궁 인정전은 일제가 잔디를 입혔던 것을 1970년대에 복
원하면서 지금의 화강암으로 깔아놓은 것이다. 그때만 해도 박석을 구할 수 없었
다. 문화재청에서는 몇 년간 조선왕조실록과 의궤를 조사하여 박석 광산이 강화
군 석모도의 매음리煤音里(일명 글음섬)인 것을 확인하고 나서야 채석을 시작하여 광
화문 월대 복원부터 다시 박석을 깔았다. 박석의 미학은 이리하여 다시 이어지게
되었다.

경복궁 근정전 전정의 박석
조선 · 사방 1.0m 내외 · 서울 세종로

입하의 개화

현대사회에서 24절기 중 입하立夏는 큰 의미를 지니지 못한 채 그저 달력상 여름으로 들어섰구나 하는 정도로 생각하게 한다. 그러나 자연과 긴밀히 호흡을 맞추며 살았던 조선시대에는 바야흐로 계절이 바뀌는 입춘·입하·입추·입동마다 개화改火라는 의식이 있었다. 옛 가정에서 부엌의 불씨는 절대로 꺼뜨려서는 안 됐다. 하지만 이것을 그냥 오래 두고 바꾸지 않으면 불꽃에 양기陽氣가 지나쳐 거세게 이글거려 돌림병의 원인이 될 수 있으므로 절기마다 바꾸어주었다. 이를 개화라 하며 새 불씨는 나라에서 직접 지핀 국화國火를 각 가정으로 내려보냈다.

태종 6년(1406)에 시행된 개화령은 성종 2년(1471)에 더욱 강화되어 궁궐의 병조兵曹에서 새 불씨를 만들어 한성부와 각 고을에 내려주고 집집마다 나누어주게 하며 이를 어기는 자는 벌을 주었다. 새 불씨를 만드는 방법은 찬수鑽燧라 하여 나무를 비벼 불씨를 일으켰다. 이때 어떤 나무를 쓰는가는 음양오행陰陽五行의 원리에 맞추어 계절마다 달리했다.

봄의 빛깔은 청색이므로 푸른빛을 띠는 버드나무[柳]판에 구멍을 내고 느릅나무[楡] 막대기로 비벼 불씨를 일으켰다. 여름은 적색이므로 붉은 살구나무[杏]와 대추나무[棗]를, 가을은 백색이므로 상수리나무[柞]와 졸참나무[楢]를, 겨울은 흑색이므로 검은 박달나무[檀]와 느티나무[槐]를 사용했다. 그리고 땅의 기운이 왕성한 늦여름 토왕일土旺日(입추 전 18일간)에는 중앙을 상징하는 황색에 맞추어 노란빛을 띠는 뽕나무[桑]와 산뽕나무[柘]를 이용했다.

어찌 보면 형식에 치우친 번거로운 일로 비칠지 모르나 자연의 섭리를 국가가 앞장서서 받들어 백성으로 하여금 대자연의 변화에 순응하며 살아야 하는 삶의 조건을 그때마다 확인시켜주면서 이제 절기가 바뀌고 있음을 생활 속에서 실감케 하는 치국治國과 위민爲民의 의식이었던 것이다. 창덕궁 내병조內兵曹는 바로 이 찬수개화를 했던 곳이다.

창덕궁 호랑이

한여름 고궁은 푸름으로 가득하다. 특히 창덕궁 후원에서는 나무 사이로 짐승이 뛰쳐나올 것만 같다. 실제로 옛날에는 창덕궁에 호랑이가 자주 출몰했다.《세조실록》11년(1465) 8월 14일조에는 "창덕궁 후원에 호랑이가 들어왔다는 말을 듣고 드디어 북악에 가서 얼룩무늬 호랑이를 잡아 돌아오다"라는 기사가 나온다.

속설에 의하면 1592년 임진왜란 중에 인왕산 호랑이가 사라졌다느니, 도요토미 히데요시가 호피를 좋아해서 다 잡아갔다느니 하는 얘기가 있다. 그러나《선조실록》36년(1603) 2월 13일자에는 "창덕궁 소나무 숲에서 호랑이가 사람을 물었다. 좌우 포도대장에게 수색해 잡도록 명했다"라는 기사가 나오고, 이어 선조 40년(1607) 7월 18일자에 "창덕궁 안에서 어미 호랑이가 새끼를 쳤는데 한두 마리가 아니니 이를 꼭 잡으라는 명을 내리다"라는 기사가 있다. 인왕산 호랑이의 활동은 여전했던 것이다.

호랑이가 사람을 물어갔다는 전설 같은 이야기가 조선왕조실록에서는 호환 虎患이라는 일종의 사건사고로 기록되었는데, 이 호환에 관한 마지막 기록은 고종 20년(1883) 1월 2일자에 나온다. "금위영禁衛營 어영청御營廳에서 아뢰기를 삼청동 북창北倉 근처에서 호환이 있다고 하여 포수를 풀어서 오늘 유시酉時(오후 5~7시경)에 인왕산 밑에서 작은 표범 한 마리를 잡았습니다. 그래서 이것을 봉하여 바칩니다. 범을 잡은 장수와 군사들에게 상을 주고 계속 사냥하도록 하겠습니다."

이런 얘기를 듣고 있으면 사람을 물어갈지언정 그리운 것이 인왕산 호랑이이다. "인왕산 호랑이 으르르르, 남산의 꾀꼬리 꾀꼴꾀꼴"이라는 서울의 전래민요가 그리워진다. 그러나 한반도에서 멸종된 호랑이가 되돌아올 리 만무하다. 그나마 근래에 녹지가 확보되면서 다시 산짐승들이 하나둘 나타나기 시작하더니 2005년 10월 25일에는 창덕궁에 멧돼지가 출몰했다. 왕조실록은 아니어도 창덕궁 일지에는 기록될 일이다.

　"외국에서 온 손님이 우리나라 전통건축 하나를 보고 싶다는데 어디가 좋을까요?" 종종 듣는 이런 문의에 대해 만약 그분이 서울에 머물 시간밖에 없다면 무조건 종묘宗廟를 보여주라고 권한다. 조선왕조 역대 제왕의 신주神主를 모신 종묘는 건축사가뿐만 아니라 현대 건축가들로부터 무한한 찬사를 받고 있다. 오직 기둥과 지붕이라는 최소한의 건축 요소만으로 구성되었을 뿐 어떤 건축적 치장이 가해진 바 없음에도 이와 같이 장엄하고 적막감마저 감도는 고요의 공간을 창출해낸 것은 거의 기적에 가깝다고 입 모아 말하고 있다.

　굵고 듬직한 기둥들이 동어반복同語反復하듯 열 지어 뻗어 나가는데 묵직이 내려앉은 맞배지붕이 수직의 상승감을 지그시 눌러주며 절제와 경건의 감정을 자아낸다. 그 단순함이 보여주는 고귀하고도 장엄함이 이 건축의 본질이다. 그리고 종묘 건물을 떠받치고 있는 넓디넓은 월대는 제의적 공간에 긴장과 고요의 감정을 더해준다. 종묘의 월대는 여느 건축과는 달리 우리의 가슴 높이에서 펼쳐지기 때문에 공간적 위압감이 일어나 더욱 장엄하고 위대하다는 감정을 불러일으키는 것이다.

　인간이 만들어낸 신전은 어떤 식으로든 장엄하다. 그러나 민족에 따라 시대에 따라 그것을 건축적으로 실현하는 방식은 달랐다. 어떤 건축가는 그중 대표적인 것을 꼽으면서 서양에 파르테논신전이 있다면 동양엔 종묘가 있다고 힘주어 말했다. 이는 종묘가 우리나라에서 가장 먼저 유네스코 세계유산으로 등재되었다는 사실에서 보증받을 수 있다.

　게다가 종묘에서는 해마다 종묘제례祭禮가 열리고 있다. 500명의 제관들이 행하는 의식에 보태평保太平(문치文治를 찬양한 음악)과 정대업定大業(무업武業을 기린 음악)이 연주되고, 64명이 열 지어 춤추는 팔일무八佾舞가 어우러지는 복합예술이다. 세계에는 많은 신전이 남아 있지만 그 제례가 600년 이상 이어온 예는 극히 드물다. 그래서 유네스코는 우리나라의 첫 번째 인류무형유산으로 종묘제례를 등재시켰다. 해마다 5월 첫째 일요일이면 종묘에서는 저 장중한 종묘제례가 열린다.

제례를 준비 중인 제관들과 팔일무를 추는 무원들
매년 5월 첫째 일요일 거행·서울 훈정동

종묘 정전
조선 1870년 완공 · 정면 19칸 측면 3칸 겹처마 맞배지붕집 · 서울 훈정동

075

조선왕릉

조선왕릉 40기가 마침내 유네스코 세계유산으로 등재되었다. 이로써 우리는 또 하나의 세계유산을 갖게 되었으니 가슴 뿌듯한 일이 아닐 수 없다. 그러나 세계가 알아주는 조선왕릉의 문화적 건축적 가치에 대해 우리들이 과연 얼마만큼 인식하고 있는가를 생각하면 부끄럽고 미안한 마음도 일어난다.

동서고금을 막론하고 인간은 삶의 공간을 어떻게 만들 것인가 못지않게 죽음의 공간에 대해서도 고민해왔다. 조선시대 사람들이 내린 결론은 자연 속에 묻히는 것이었고, 그것이 국가적 의전儀典으로 발전한 것이 왕릉이다. 모든 왕릉에는 일정한 격식이 있다. 왕릉 앞에는 이를 지키는 제실이 있다. 능참봉이 관리하면서 때맞추어 제사 지내는 일을 여기서 준비한다.

왕릉의 초입에는 홍살문紅箭門이 세워지며 여기서 분향 공간인 정자각丁字閣까지는 박석 3단이 반듯하게 놓여 있어 혼이 가는 길, 왕이 가는 길, 신하가 가는 길이 구분된다. 정자각 좌우로는 제사를 위한 공간으로 단아한 세 칸 한옥의 수라간修羅間과 수복방이 대칭으로 배치된다. 이때 수라간의 벽체는 사고석과 벽돌로 구성된 반면에 수복방은 콩떡담으로 되어 있다.

정자각 뒤가 왕릉의 주 공간인 능침陵寢이다. 능침은 높은 언덕에 조성되어 홍살문에서 보면 정자각 너머로 아련히 시선에 들어온다. 때문에 능침에 오르면 정자각 지붕, 홍살문 너머로 좌청룡 우백호의 아늑한 자연경관이 펼쳐진다.

왕과 왕비의 시신을 모신 봉분은 넓은 판석으로 주위를 두르고 난간석을 설치했다. 봉분을 튼실하게 하면서 성스러움을 나타낸 것이다. 판석에는 방향에 맞추어 십이지를 조각하거나 자축인묘子丑寅卯의 글자를 새기기도 한다. 봉분 주위로는 기와돌담으로 곡장曲墻을 두르고 그 사이에는 석호石虎와 석양石羊을 각기 네 마리씩 배치하여 이를 수호케 한다.

봉분 앞에는 상석床石을 대신하여 혼유석魂遊石을 놓아 혼이 여기에서 노닐게 하며 그 앞에는 불을 밝히는 장명등長明燈을 세워놓는다. 그리고 그 좌우로는 문석인文石人과 무석인武石人, 석마石馬, 석주石柱를 대칭으로 세워놓는다. 석주는 혼이 노닐다 돌아오는 이정표로 세호細虎라는 다람쥐를 조각했는데 하나는 위로

태조 건원릉
조선 1400년·단릉·경기 구리 인창동

문정왕후(중종왕비) 태릉의 능침

올라가고 하나는 아래로 내려가는 모습이다.

　조선시대에는 왕릉을 조성할 때면 장관급을 책임자로 하는 임시행사본부로 산역도감山役都監을 둘 정도로 정성을 다했다. 왕릉 전체를 꿰뚫는 정신이란 윤리로서 충과 효, 도덕적 가치로서 경 그리고 미적 덕목으로서 자연에의 순응과 검소함이 들어 있다.

　왕릉은 어김없이 똑같이 이와 같은 공간 구성을 하고 있지만 각 능에는 그 시대의 문화적 분위기와 역량이 드러나 있다. 이는 백자항아리가 국초부터 구한말까지 빛깔과 형태를 달리한 것과 같다. 15세기 새로운 이상 국가를 건설하려는 국초의 기상은 무엇보다도 동구릉東九陵 안에 있는 태조의 건원릉健元陵에 잘 나타나 있다. 고향 함흥 땅의 억새를 입혀 달라는 그의 유언이 지금껏 지켜지고 있는 건원릉의 늦가을 모습은 자못 처연하다.

　조선적인 세련미가 구현되어가는 16세기는 중종의 왕비인 문정文定왕후 태

효종 영릉의 무석인   사도세자 융릉의 문석인

릉泰陵의 엄정한 능침 조각에서 볼 수 있다. 병자호란을 겪은 뒤 상처받은 자존심을 되찾으려고 일어난 다소 허풍스러운 17세기 분위기는 효종 영릉寧陵의 무석인 어깨가 과장되게 표현된 모습에서 읽을 수 있다. 그리고 조각이 아름다운 것은 18세기 사도세자思悼世子인 장조莊祖의 융릉隆陵을 따를 곳이 없다. 왕조의 마지막을 장식한 순종의 유릉裕陵은 대한제국 황제의 예에 맞춰 황제릉의 규모와 격식을 갖추었지만 그 누구도 위엄이나 힘을 말하지 않는다. 조선왕릉은 이처럼 저마다의 표정을 갖고 있다.

유네스코 세계유산의 심사는 매우 엄격하다. 보존 실태와 보존 의지도 따진다. 그중 가장 중요한 항목은 고유한 보편적 가치universal value이다. 조선왕릉은 인류 역사상 다른 곳에서는 찾아볼 수 없는 보편적 가치를 갖고 있는 우리의 문화유산이자 세계의 문화유산이다.

076

안압지

경주 안압지雁鴨池에 가면 나는 은근히 원망스러운 마음이 일어난다. 내가 교과서에서 안압지에 대해 배운 것이라곤 신라 왕실이 여기서 잔치를 하다 망했다는 얘기뿐이었다. 그러나 미술사를 전공하면서 안압지는 현존하는 유일한 신라 궁궐건축으로 조선시대에 창덕궁의 후원이 있다면 신라에는 안압지가 있다고 할 수 있는 아름다운 정원임을 알게 되었다.

《삼국사기》를 보면 통일 직후인 문무왕 14년(674)에 "궁 안에 못을 파서 산을 만들고 온갖 화초와 진귀한 새, 짐승을 길렀다"고 했다. 힘겹고 지루한 통일전쟁에서 승리한 기쁨을 건축으로 표현한 것이 바로 이 정원이다. 그런데 1980년 안압지를 발굴할 때 도기편에서 '월지'라는 명문이 여러 점 나왔다. 최치원이 쓴 봉암사 지증대사 비문에는 헌강왕의 부름을 받아 월지궁에 당도하니 "달그림자가 연못 복판에 단정히 임臨하였다"고 했다. 효소왕 6년(697)과 혜공왕 5년(769)에는 군신들과 임해전臨海殿에서 큰 잔치를 베풀었다고 하였으니 월지궁 임해전이 분명하다. 안압지라는 이름은 신라가 망하고 폐허가 된 뒤 연못가로 기러기, 오리 떼가 날아드는 정경을 보면서 시인 묵객들이 지은 이름이다. 마치 고려 궁궐터를 훗날 만월대라고 한 것과 같다.

월지궁 임해전은 사방 190m, 약 4500평으로 한쪽은 반듯한 석축에 전각을 세우고 다른 쪽은 자연석으로 절묘한 곡선을 이루었다. 직선과 곡선의 환상적인 어울림이 이 정원의 기본 미학이다. 가운데에는 크고 작은 3개의 섬이 있어 연못 주위를 산책하면 계곡과 호수와 누정의 멋을 모두 즐길 수 있다. 연못은 자연 원리를 이용한 물의 순환 시스템이 아주 슬기로운데 남쪽 끝에서는 멋지게 구성된 입수구入水口를 볼 수 있다. 한 시간 정도 걸리는 산책길에는 단 한 번도 똑같은 장면이 나타나지 않는다. 다양한 자연 풍광이 이 정원의 자랑이다.

월지궁은 일반에게 개방되어 있다. 야간엔 아름다운 조명이 밝혀진다. 그러나 여기를 찾는 내국인보다도 '판타스틱'을 연발하며 사진 찍기에 분주한 외국인 관광객들이 더 많이 눈에 띈다. 그래서 요즘 여기에 오면 괜스레 씁쓸한 마음이 일어난다.

안압지 전경
통일신라 674년·경북 경주 인교동

077

경주 사천왕사

경주 낭산狼山 아랫자락에 있던 사천왕사四天王寺는 신라 호국불교의 상징적인 사찰로 역사적, 미술사적 의의가 가히 기념비적이다. 《삼국유사》에서는 창건 과정을 이렇게 전하고 있다. 통일전쟁이 끝났는데도 당나라는 물러가지 않고 공주에 웅진도호부, 평양에 안동도호부를 두고 눌러앉으려 하자 신라는 고구려·백제 유민들과 함께 당나라 군대를 공격하였다. 이에 당나라 고종은 신라를 치기 위해 외교사절로 가 있던 김인문金仁問을 옥에 가두고 설방을 장수로 삼아 50만 군사를 조련했다.

이때 당나라에 있던 의상대사가 김인문을 찾아갔다가 이 사실을 알게 되자 곧바로 귀국해 왕에게 아뢰었다. 이에 조정에서 긴급 대책을 논의하던 중 명랑明朗법사는 낭산狼山 신유림神遊林에 사천왕사를 지으라고 권했다. 대대적인 호국불사를 일으키며 당나라와 일전불사의 의지를 다지라는 뜻이었다. 이리하여 사천왕사는 문무왕 11년(671)에 짓기 시작했고, 결국 676년에 당나라 군대를 한강 유역에서 격파하며 완전히 몰아냈다. 사천왕사는 착공 8년 뒤인 679년에 완공됐다.

사천왕사의 가람배치는 전에 없던 쌍탑일금당雙塔一金堂이었다. 똑같은 탑 두 기를 나란히 배치하면서 건축적 리듬감을 얻어낸다는 아이디어는 탁월한 구상이었다. 현대 건축에서 쌍둥이 빌딩이 추구하는 그런 건축 미학이었다. 사천왕사에서 시작된 쌍탑 가람배치는 이후 감은사·불국사를 비롯한 통일신라 사찰의 기본 틀이 되었다. 그리고 이것은 일본으로 전해져 8세기 하쿠호시대에 야쿠시지藥師寺 같은 쌍탑 가람의 명찰을 낳았다. 동양미술사가인 페놀로사는 이 쌍탑의 환상적인 실루엣을 바라보면서 '얼어붙은 소나타sonata' 같다는 찬사를 보냈다.

사천왕사 쌍탑의 기단부에 장식되었던 아름다운 녹유사천왕 전돌은 이 사찰의 위용을 웅변한다. 이런 사천왕사였건만 일제강점기에 경주에서 불국사역으로 가는 철길이 절터를 가로질러 그 자취마저 알아보기 힘들었다. 그러나 얼마 전 철길이 완전히 철거되어 본격적인 발굴에 들어갔으니 머지않아 우리는 여기에 가서 '얼어붙은 심포니symphony'를 상상해볼 수 있을 것 같다.

사천왕사 출토 녹유사천왕상전
통일신라 679년·상반신 높이 90.5cm·국립경주문화재연구소·하반신 높이 52.0cm·국립경주박물관

078 안동 봉정사 대웅전

보물 제55호였던 안동 봉정사鳳停寺 대웅전이 2009년 6월 30일자로 국보 제311호로 승격되었다. 조선 초에 세워진 건물로 우리나라 다포多包집 중 고식을 보여준다는 점에서 일찍이 보물로 지정되었지만 건립 연대가 밝혀지지 않아 국보가 되지는 못했다. 국보의 조건엔 절대연대, 유일성, 희소성이 있다. 그러나 최근에 이 건물을 해체 수리하면서 지붕 밑에 있는 건축부재에서 세종 17년(1435)에 중창重創했다는 기록을 발견했고, 아울러 건축부재의 연령을 측정한 결과 600년 이전에 벌채된 나무라는 사실도 확인하였다. 게다가 근래에 대웅전 후불벽화인 〈영산회상도靈山會上圖〉를 수리하면서 뒷면에서 세종 10년(1428)에 제작된 고려불화 풍의 〈미륵하생경도彌勒下生經圖〉를 발견하여 별도의 보물(제1614호)로 지정되었으니 봉정사 대웅전은 여러 면에서 국보로 승격될 수 있는 자격을 갖추게 된 것이다.

사실 그동안 봉정사 대웅전은 바로 곁에 있는 국보 제15호 극락전 건물이 워낙에 명품이어서 상대적으로 큰 주목을 받지 못했다. 봉정사 극락전은 우리나라에서 가장 오래된 목조건축으로 추정될 뿐만 아니라 주심포柱心包 맞배지붕집의 진수인 단아한 절제미를 유감없이 보여주고 있으니 그럴 만도 했다. 그러나 더 큰 이유는 국보와 보물의 차이 때문에 더 그렇게 생각되었던 것이다.

봉정사 대웅전에서는 다포계 팔작지붕집의 웅장한 힘과 멋이 넘쳐난다. 전각 내부도 화려한 가운데 경건하다. 불상 머리 위를 화려하게 치장한 보개寶蓋와 그 주위에 설치된 용과 봉황의 조각도 일품이다. 한마디로 봉정사 극락전과 대웅전은 추구하는 미학 자체가 다른 것이다.

그런 점에서 문화유산을 보는 우리의 눈은 지정 등급으로부터 자유로울 필요가 있다. 봉정사 요사채 뒤편에 있는 영산암靈山庵은 영화 〈달마가 동쪽으로 간 까닭은〉을 찍은 곳으로 전통건축에서 마당이 지닌 미학을 환상적으로 구현한 곳이지만 겨우(?) 경상북도 민속자료(제126호)에 불과하다. 그러나 현대 건축가들은 봉정사 답사의 하이라이트를 국보, 보물보다도 오히려 지방문화재인 영산암으로 삼곤 한다.

봉정사 대웅전
조선 1435년 이전 건립·정면 3칸 측면 3칸 다포계 팔작지붕집·경북 안동 태장리

　　　　　묵계서원 만휴정

　　안동은 조선시대 목조건축의 보고다. 한옥의 참 멋을 안동만큼 풍부하게 보여주는 곳은 없다. 경상북도의 새 도청 유치를 위해 경주시와 안동시가 치열하게 경쟁할 때 경주시가 내세운 것 중 하나가 문화재가 많다는 것이었다. 이에 대해 안동시는 우리도 적지 않다며 누가 많은지 세어보자고 했다. 국가지정문화재는 경주가 단연 많았지만 지방지정문화재를 포함하면 안동이 3점 더 많았다. 현재도 경주 320점, 안동 323점이다.

　　안동에 이처럼 문화재가 많은 것은 전통 있는 가문마다 한 마을에 종택宗宅·정자亭子·재실齋室·서원書院 등을 경쟁적으로 갖추었고, 그 후손들이 지극한 정성으로 목조건축들을 보존해오고 있기 때문이다. 벼슬하던 선비가 낙향하여 한 마을의 입향조入鄕祖가 되면 그 후손들이 재실과 서원을 세우면서 가문을 일으키는 과정은 길안면의 묵계서원默溪書院에서 그 전형을 볼 수 있다. 안동 시내에서 길안천을 따라 영천으로 내려가는 35번 국도는 요즘 세상에선 보기 드문 호젓한 옛길이다. 더 먼 옛날에는 내륙 속 오지여서 묵계리에 있던 역 이름이 거무역居無驛, 즉 사람이 살지 않는 곳이었다. 이 궁벽한 산골의 입향조는 안동김씨 보백당寶白堂 김계행金係行(1431~1521)이다.

　　보백당은 나이 50세에 등제하여 삼사三司의 청직淸職을 두루 역임하였다. 그러나 점필재 김종직과 교분이 깊었던 탓에 무오사화 때 심한 고초를 겪었고, 나이 70세 때 또 구금됐다가 5개월 만에 풀려나자 이곳 묵계리로 내려와 우거寓居해버렸다. 이 집이 묵계종택이다.

　　보백당은 앞산 깊은 계곡에 아슬아슬한 외나무다리를 걸쳐놓고 만휴정晩休亭이라는 환상적인 정자를 짓고는 이름 그대로 만년의 휴식처로 삼아 나이 87세까지 여기서 지냈다. 그는 "우리 집엔 보물이 없다. 있다면 청렴이 있을 뿐이다 吾家無寶物 寶物惟淸白"라는 유훈을 남겼다. 보백당이 세상을 떠나자 그의 학덕을 기리기 위해 세운 서원이 묵계서원이다. 이리하여 사람도 살지 않던 묵계리가 오늘날에는 보백당의 종택, 정자, 서원 모두가 문화재로 지정된 비경의 답사처가 되었다. 안동은 이런 마을이 수십 곳이나 되는 살아 있는 한옥박물관이자 전시장이다.

만휴정
조선 1500년·정면 3칸 측면 2칸 팔작지붕집·경북 안동 묵계리

보길도 부용동

우리나라 5대 정원을 꼽으라고 한다면 나는 경주 안압지, 창덕궁 후원, 서울 성락원城樂園, 담양 소쇄원瀟灑園과 함께 보길도甫吉島 부용동芙蓉洞(사적 제368호)을 꼽는다. 그중에서 부용동은 궁원宮苑이 아니면서도 2만 8천 평에 이르는 장대한 스케일로 한번 가본 사람은 절로 감탄하게 된다.

1636년 병자호란이 일어나자 인조는 황급히 강화도로 피신하려 했다. 이때 해남에 낙향해 있던 고산孤山 윤선도尹善道(1587~1671)는 왕을 돕기 위해 수백 명을 이끌고 강화도로 향했으나 인조가 강화도 대신 남한산성에서 농성을 하다 항복했다는 소식을 듣고는 세상 볼 면목이 없다며 뱃머리를 남쪽으로 돌려 제주도에 은거할 뜻을 세웠다. 남쪽으로 내려가던 도중에 윤선도는 어느 섬에 들렀는데 풍광이 하도 아름다워 은신처를 잡게 되었으니 그곳이 보길도다.

격자봉格紫峯에 올라 지세를 살핀 윤선도는 마치 연꽃이 피어나는 듯한 이곳을 부용동이라 이름 짓고는 산 아래에 살림집 낙서재樂書齋를 짓고 건너편엔 독서처로 동천석실洞天石室을 지었다. 그리고 동네 아래쪽에 계곡물을 판석(굴뚝다리)으로 막아 연못[洗然池]을 만들고 연못물을 끌어들여 네모난 인공연못[回水潭]을 만든 다음, 그 사이에 섬을 축조하고 세연정洗然亭을 지었다. 못 가운데에는 육중한 자연석 일곱 개를 호쾌하게 포치하여 장대한 공간감이 일어난다. 동서 양쪽의 큼직한 너럭바위를 대臺로 삼아 자신이 지은 〈어부사시사漁父四時詞〉에 맞추어 악공은 피리 불고 무희는 춤추게 하였다고 한다. 이후 윤선도는 13년간 부용동을 가꾸어 당시엔 건물이 모두 25채였다고 한다.

혹자는 부용동을 보면서 윤선도의 호사 취미를 빈정거리기도 한다. 그럴 때면 나는 17세기엔 윤선도라는 대안목이 있어 이런 조선의 명원을 남겨주었는데, 과연 우리시대엔 300년 뒤 국가 사적으로 남길 만한 정원이 있느냐고 되묻는다. 보길도 부용동은 동백꽃이 만발하는 3월이 제격이라고 하지만 정원이란 어느 한 계절만을 위한 것이 아니기 때문에 인공섬의 배롱나무가 붉은빛을 피우는 여름, 석실에서 바라보는 단풍이 고운 가을, 느닷없이 눈이 내린 겨울도 환상적인 아름다움을 보여준다.

보길도 부용동 세연정
조선 1639년 · 정면 3칸 측면 3칸 팔작지붕집 · 전남 완도 부황리

081   남해 가천 다랑이논

　　몇 해 전, 남해 가천加川마을 다랑이논(계단식 논)을 국가 명승 제15호로 지정할 때 가슴속에선 두 개의 상반된 감정이 교차했다. 하나는 문화재가 되면 형질 변경을 못 한다며 강하게 반대한 주민들을 마침내 설득해 지정했다는 안도의 한숨이었다. 지리산 피아골의 장대하고 처연한 계단식 논이 논 주인들의 반대로 결국 평범한 산밭과 매운탕 집으로 변하고 만 안타까움을 겪고 있던 터였다.

　　또 하나는 우리의 주식인 쌀을 생산해내는 논을 문화재로 보존하게 된 쏠쏠한 현실이었다. 쌀 80kg 한 가마의 농협 수매가가 14만 원밖에 안 되는 현실에서 논은 날로 버림받아 비닐하우스로 농공단지로 과수원으로 변해버리고 있다. 그렇게 사라져가는 것을 보고서야 비로소 논이야말로 국토의 가장 아름다운 정원이라는 각성이 일어났다.

　　특히 한 평이라도 더 넓히기 위해 계단식으로 쌓아 올린 다랑이논은 조상의 땀과 슬기로 이루어진 거대한 대지大地미술 같은 것이다. 가천 다랑이논은 남해도의 바닷가 가파른 산비탈에 100계단도 넘게 층층이 펼쳐지는 장관을 이루고 있다. 돌 많고 메마른 흙뿐인 섬 비탈을 비옥한 논으로 만들기 위하여 선조들은 돌축대를 쌓고 육지의 인분을 '남해 똥배'로 날라 기름지게 바꾸어갔다. 그런 다랑이논이 오늘날엔 기계경작이 불가능하여 쑥대밭에 넝쿨풀로 뒤덮이고 조만간에는 다시 산비탈로 변해버릴 위기에 있었던 것이다.

　　가천 다랑이논이 명승으로 지정된 이후 큰 변화가 일어났다. 아무도 찾는 이 없던 이 궁벽한 섬마을이 이제는 한 해 25만 명이 찾아오는 남해의 상징 마을이 되었다. 마을 집들은 모두 민박집으로 새 단장을 했고 윗마을 산자락엔 펜션들이 늘어섰다. 마치 일본 규슈의 유후인由布院이 농업과 목축을 살린 친환경 온천 마을이 되었듯이, 가천마을은 다랑이논과 한려수도의 수려한 풍광을 내세운 슬로 타운slow town으로 새롭게 태어나고 있다. 그러나 걱정이 없는 것은 아니다. 농사꾼이라고는 노인들만 남아 있어 여전히 놀고 있는 논이 적지 않은 것이다. 다랑이논 하나 보존하기가 이렇게 어렵다.

가천마을 다랑이논
지정구역 227.5m² · 경남 남해 홍현리

영국박물관의 백자달항아리

쾰른 동아시아박물관의 나전칠기경상

기메동양박물관의 고려 장신구

기메동양박물관의 철조천수관음상

기메동양박물관의 철제압출여래좌상

기메동양박물관의 홍종우

호놀룰루아카데미미술관의 조선 목동자상

뉴욕 메트로폴리탄박물관의 용머리장식

뉴욕 메트로폴리탄박물관의 금동반가사유상

보스턴박물관의 고려 은제 금도금주전자

미국과 일본에 있는 고려청자들

시카고박물관의 청자백조주전자

시카고박물관의 분청사기물고기무늬편병

워싱턴 프리어갤러리의 청자표주박모양주전자

워싱턴 프리어갤러리의 분청사기

브런디지 컬렉션의 고려청자

샌프란시스코 동양미술관의 책거리병풍

이종문아트센터와 까치호랑이항아리

라크마의 오백나한도

클리블랜드미술관의 한림제설도

클리블랜드미술관의 무낙관 그림

해외
한국 문화재

Overseas Korean Cultural Properties

082-100

　　　　영국박물관의 백자달항아리

　　영국박물관 한국실에는 백자달항아리 한 점이 진열되어 한국의 미를 대표하고 있다. 이 항아리를 보고 있자면 유물에도 팔자가 있다는 생각을 지울 수 없다. 18세기 영조 때 금사리 가마에서 구워낸 높이 45cm의 백자대호를 우리는 달항아리 full moon jar라고 부른다. 백자달항아리는 국내외에 20여 점이 전해지는데 그중 국보로 지정된 것이 2점, 보물로 지정된 것이 5점이다. 이렇게 귀한 달항아리가 영국으로 건너가게 된 것은 유명한 현대도예가인 버나드 리치Bernard H.Leach(1887~1979)가 일찍이 서울에 와서 구입해갔기 때문이다. 그는 평소 "현대 도예가 나아갈 길은 조선 도자가 가르쳐주고 있다"고 말할 만큼 조선 백자에 심취해 있었다.

　　그의 저서 《동과 서를 넘어서》를 보면, 자신이 존경하는 백자의 나라에서 개인전을 갖고 싶어 1935년 덕수궁에서 전시회를 열고 강연회도 가졌다고 한다. 그리고 귀국할 때 이 달항아리를 구입해가면서 "나는 행복을 안고 갑니다"라며 기뻐했다. 버나드 리치는 세상을 떠나기 전, 평생 곁에 두고 보아온 달항아리를 애제자인 루시 리에게 주었다. 루시 리는 1995년에 죽으면서 버나드 리치의 부인인 재닛 리치에게 달항아리를 주었으며, 1998년 재닛 리치가 죽자 달항아리는 그의 유품들과 함께 경매에 부쳐졌다.

　　당시 영국박물관에는 한빛문화재단의 한광호 회장이 기부한 한국 유물 구입 기금이 있었다. 박물관 유물구입위원회는 경매에서 시세의 4분의 1밖에 안 되는 약 1억 2천 만 원을 적어내며 요행을 기다렸다. 그러나 한 한국인에게 약 5억 원에 낙찰되었다. 하지만 바로 이때 한국의 IMF 사태로 환율이 두 배 가까이 급등하자 경락자가 포기하는 덕택에 영국박물관으로 차례가 돌아가 구입할 수 있게 된 것이다. 사연이 이렇고 보니 달항아리는 제 팔자따라 제자리로 돌아간 것이라는 생각을 갖게 된다. 이후 백자달항아리가 세계 경매시장에 나온 것은 2007년 3월 뉴욕 크리스티 경매 때인데 서울 프리마호텔이 150만 달러(약 17억 원)에 낙찰시켜 국내로 들여왔다. 그러니까 달항아리의 값은 사실상 프라이스리스인 셈이다.

백자달항아리
조선 18세기 · 높이 45.0cm · 영국박물관

083 쾰른 동아시아박물관의 나전칠기경상

독일의 10개 박물관에는 한국 유물이 약 6천 점 소장된 것으로 조사되었다. 한국국제교류재단은 '한국의 재발견, 독일에 있는 한국의 보물'이라는 전시회를 기획하여 그중 116점으로 2011년 3월 쾰른의 동아시아박물관에서 개막전을 갖고 2013년 2월까지 2년간 라이프치히, 프랑크푸르트, 슈투트가르트 등 4개 도시에서 순회전을 갖고 있다.

전시 도록을 받아보니 고려불화, 상감청자, 〈서원아집도西園雅集圖〉 등 명품들도 적지 않고 한국 유물들이 독일에 전래된 과정이 소상히 밝혀져 있어 많은 궁금증을 풀 수 있었다. 다만 이상하게도 베를린 독일역사박물관의 대표적인 소장품인 고려불화 〈지장보살도〉는 출품되지 않았다. 이 작품은 2010년 국립중앙박물관의 '고려불화 대전'에도 나오지 않았다. 무슨 사정이 있는 모양이다.

출품작 중 나의 눈길을 사로잡은 것은 쾰른 동아시아박물관 소장의 조선 후기 나전칠기경상經床이다. 경상은 원래 절집에서 스님들이 불경을 읽을 때 사용하는 앉은뱅이책상으로 방석 위에 앉아 책 읽기에 알맞게 나지막하고, 천판天板이라 불리는 머리판은 책 한 권을 펼칠 수 있을 정도의 아담한 크기이다. 양반집 사랑방 가구의 서안과 기능이 같지만 서안은 선비 가구답게 아주 심플한 데 비해 경상은 불화만큼이나 화려하다. 머리판의 양끝이 살짝 말려 올라가고 상다리는 호랑이 다리[虎足] 또는 개다리[狗足] 모양으로 유려한 곡선을 이룬다.

경상은 절집뿐만 아니라 궁궐과 양반집에서도 사용되었다. 생활문화 속에는 화려취미라는 것도 있게 마련이어서 점잖은 서안과는 별도로 멋스러운 경상도 즐긴 것이다. 이 나전경상을 보면 천판에는 넝쿨무늬 테두리에 산수인물화를 그려 넣고 상다리에는 아름다운 꽃무늬를 정밀하게 새겼다. 호족형 다리는 아래로 내려오면서 안으로 구부러지는 유연한 S자형을 이루다가 발끝에 와서는 다시 밖으로 살짝 내밀며 마감되었다. 게다가 상다리를 안으로 접어 보관하기 유리하게 만들었다. 상다리가 접히는 이런 나전경상은 일본 교토의 고려미술관에도 한 점 있다. 조선시대 분들은 이처럼 은근히 멋스러움을 한껏 즐기곤 했다.

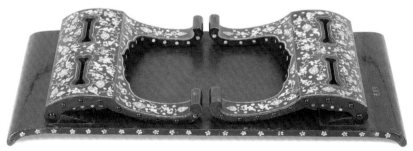

나전칠기경상
조선 16~17세기·길이 58.7cm·독일 쾰른 동아시아박물관

기메동양박물관의 고려 장신구

박물관 왕국이라 할 프랑스는 세계 미술을 파리의 국립박물관 여러 곳에 분산시켜 전시하고 있다. 루브르박물관은 고대이집트부터 17세기 유럽의 바로크미술까지, 오르세박물관은 18~19세기 유럽 미술, 퐁피두센터는 20세기 현대 미술, 기메동양박물관은 동양 미술이다. 기메동양박물관에는 한국 미술품이 약 1000점 소장되어 있는데 이 중 아주 특색 있는 컬렉션은 고려시대 금속장신구들이다.

높이 3cm, 폭 2cm의 앙증맞은 크기로 금속판을 안팎에서 두드려 연꽃과 물고기를 뚫음무늬로 디자인한 이 은제 장신구는 손에 쥐고 싶을 정도로 귀엽고 사랑스럽다. 연꽃, 연밥, 연잎, 물고기 비늘의 묘사도 아주 정교하다. 대단한 공예품이다. 기메동양박물관에는 이와 같은 유물이 50여 점 소장되어 있다. 이런 고려시대 금속장신구는 국립중앙박물관에 120점, 이화여자대학교박물관에 70점, 뉴욕 메트로폴리탄박물관에 28점 등 300여 점이 확인되었는데, 또 별도로 개인 소장품도 그만큼 있는 것으로 알려졌다. 이 장신구들은 대개 쌍으로 짝을 이루고 똑같은 것도 여럿 있다. 아직 용도는 명확히 밝혀지지 않았지만 아마도 복식에 사용된 장식으로 추정된다. 실제로 1999년 청주 명암동의 한 고려시대 고분에서는 시신의 가슴 위치에서 이와 비슷한 은제 장신구가 쌍으로 출토되어 이런 추측을 뒷받침하고 있다.

고려시대 장신구들을 살펴보면 재질은 순금·금동·은이 대종을 이루고 간혹 옥 제품도 있다. 형태는 대개 원형·사각형·꽃봉오리 모양이며 꽃과 벌, 나비나 물고기를 조합하여 부정형을 이룬 것도 있다. 문양 구성은 연꽃·모란 같은 식물과 학·원앙·오리·봉황·용·거북이·물고기·벌·나비 등이며 사천왕 같은 불교 도상도 있다. 그중에서도 식물과 동물을 유기적으로 결합한 것은 구성이 절묘하여 더욱 화려한 멋을 보여준다. 이 작은 금속장신구들은 그 자체로도 아름답지만 복식에 장식되었을 때 더욱 진가를 발휘했을 것이다. 고려시대 복식은 현재 단 한 점도 전해지지 않지만 고려불화의 보살상 복식으로 미루어볼 때 여기에 다는 단추나 옷 장식들이라면 이 정도는 되어야 어울렸을 것 같다. 그렇다면 고려시대 복식은 도대체 얼마만큼이나 화려했단 말인가!

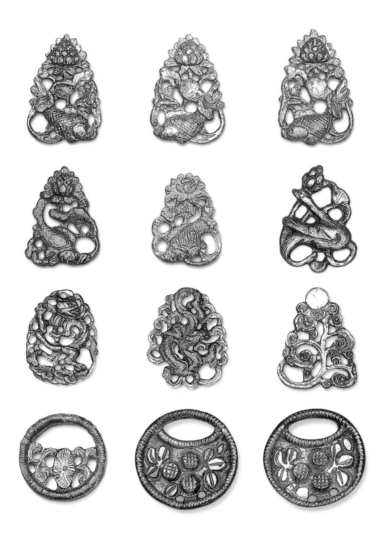

고려 장신구들
고려·높이 2.3~3.1cm·프랑스 국립기메동양박물관

085   기메동양박물관의 철조천수관음상

1866년(고종 3)에 일어난 병인양요는 흥선대원군의 천주교 탄압에 대한 외교적 보호를 명분으로 하여 프랑스 함대가 강화도에 침범한 것이지만 실제 속셈은 무력으로 조선의 문호를 개방하는 데 있었다. 결국 프랑스는 그로부터 20년 뒤에 미국, 영국, 이탈리아, 러시아에 뒤이어 조선과 통상조약을 맺게 된다.

1886년에 조불수호통상조약이 이루어진 2년 뒤 민속학자인 샤를르 바라 Charlers Varat(1842~1893)의 문화탐사단이 한국에 와서 문화재를 수집해갔다. 프랑스 정부(문화예술부)가 지원한 바라 탐사단의 파견은 파리의 한 부유한 시민이 제안한 것이라고 한다. 탐사단이 서울에 도착하자 최초의 주한 프랑스 대리공사였던 플랑쉬는 "한 프랑스 여행자가 희귀한 물건을 구입하려고 공사관에서 기다린다"는 소문을 퍼트려 유물을 수집했다. 바라 탐사단의 수집품은 현재 파리의 국립기메동양박물관에 소장되어 있다.

바라 탐사단의 수집품은 매우 다양한데 그중에서도 30여 점의 불상은 국내에도 없는 희귀한 것이 많다. 높이 60cm의 철조천수관음상鐵造千手觀音像은 고려 때 유행한 전형적인 밀교 불상이다. 일체중생을 제도하는 관세음보살은 손이 천 개, 눈이 천 개여서 천수천안이라고도 하는데 이 불상은 합장한 두 손 이외에 왼쪽에 20개, 오른쪽에 21개를 덧붙여 이를 상징화했다. 손에는 경전, 보검, 정병, 법륜 등을 들고 있고, 머리 위로는 화불을 받들어 모심으로써 관세음보살임을 명확히 표현하고 있다.

철불임에도 팔뚝 43개가 저마다의 명확한 자세를 정교히 나타내어 복잡한 밀교 도상을 훌륭히 소화해냈음을 볼 수 있다. 상호相好(얼굴)는 유순한 현세적 인상을 보여주는 전형적인 고려 불상이다. 나무로 만든 받침대 밑바닥에는 묵서로 발원문이 쓰여 있는데 상주에 있던 동방사東方寺 암주庵主가 발원한 것으로 되어 있다. 고려시대에 원나라를 통하여 티베트의 밀교가 들어온 것은 잘 알려져 있지만 이런 전형적인 밀교 불상은 국내엔 단 한 점도 남아 있지 않다.

철조천수관음상
고려 말~조선 초 14~15세기·높이 60.0cm·프랑스 국립기메동양박물관

086   기메동양박물관의 철제압출여래좌상

프랑스 국립기메동양박물관의 창시자인 에밀 기메는 말하기를 "내가 설립한 취지대로라면 기메동양박물관은 철학의 공장이며, 예술품은 동양 문화에 대한 이해를 확장시키기 위한 수단"이라고 하였다. 그래서 그는 유물 수집에 열을 올렸다. 1878년 기메는 직접 일본을 방문했다. 1888년에는 샤를르 바라 탐사단을 한국에 파견하였고, 1889년엔 에두아르 샤반느의 1차 탐사단을 4년간 중국 북부지방에 파견하였다.

1907년에 떠난 샤반느의 2차 탐사단은 집안에서 고구려 벽화고분인 산연화무덤을 발견하여 처음으로 세상에 알렸다. 1906년엔 유명한 폴 펠리오 탐사단을 파견해 돈황문서를 약탈해갔다. 제국주의자들은 식민지 진출을 위한 군사적, 상업적 침탈과 동시에―어쩌면 그것을 위해―문화재 탐사를 이처럼 적극 시행했다. 그리하여 기메동양박물관은 중국, 일본 유물을 각각 1만 점 이상 소장하게 되었고 우리나라 문화재도 1천 점을 헤아린다.

바라 탐사단이 수집한 유물 중에는 국내에 남아 있지 않은 희귀한 것이 적지 않다. 그중 철제압출여래좌상鐵製押出如來坐像은 조선 선조 18년(1585)에 대시주大施主 유회동兪晦同이 발원 조성하였다는 명문이 새겨 있는 귀중한 유물이다. 흔히 조선시대 불상은 조각으로서의 질이 떨어진 것으로 이해되고 있지만, 이 불상을 보면 삼국, 통일신라, 고려 불상에서는 찾아볼 수 없는 어딘지 선비문화의 분위기가 서려 있는 독특한 매력을 느낄 수 있다.

철판을 뒤에서 두드려, 뒷면을 보면 앞면과 똑같은 모습이 요면凹面으로 남아 있다. 이런 판불은 국내엔 단 한 점도 없다. 더욱이 절대연대와 시주자까지 알수 있어 국내에 남아 있었으면 국보, 보물로 대접받았으련만 일찍이 고국에서―아마도 헐값에―팔려나가 스포트라이트 한 번 제대로 받아보지 못하고 있다고 생각하니 안타깝고도 미안한 마음이 일어난다.

철제압출여래좌상
조선 1585년 · 높이 16.7cm · 프랑스 국립기메동양박물관

기메동양박물관의 홍종우

프랑스 국립기메동양박물관을 얘기하자면 김옥균金玉均 암살자로 더 잘 알려진 홍종우洪鍾宇 (1850~1913)를 말하지 않을 수 없다. 1888년 샤를르 바라의 문화탐사단이 한국에 와서 입수해간 유물들을 정리한 큐레이터가 바로 홍종우였다. 그는 경기도 안산에서 태어나 가난으로 여러 곳을 전전하다 고금도에서 살았다. 1888년 개항과 개화바람이 한창 불자 그는 프랑스로 유학하여 법학을 공부하기로 마음먹고 일단 일본으로 건너갔다. 아사히신문사 식자공으로 2년간 근무하여 여비를 마련한 그는 1890년 12월, 마침내 파리에 도착하여 소르본대학 근처에 숙소를 마련했다.

홍종우는 파리에 머물면서 '여행가의 모임'이라는 고급 사교 단체의 초청을 받아 조선의 역사와 현실에 대해 강연을 했으며 항시 상투를 틀고 한복 차림을 하여 언론에 실리기도 했다. 1892년 샤를르 바라의 문화탐사단 수집품이 기메동양박물관으로 이관되면서 홍종우는 연구보조자로 채용되어 이를 장르별로 분류하고 불어와 한국어로 유물 카드를 만들었다. 그의 노력으로 기메동양박물관은 1893년부터 한국실을 개관했다.

한편 홍종우는 소설가 로니J. H. Rosny와 함께 춘향전을 번역하여 1895년에 '향기로운 봄Printemps Parfume'이라는 제목으로 출간했다. 발레의 거장 미하일 포킨의 안무로 몬테카를로에서 1936년에 초연된 '사랑의 시련'은 이를 바탕으로 한 것이었다. '심청전', '조선 점占'도 번역 출간하였다. 독학으로 배운 그의 불어 실력이 놀라울 뿐이다.

1893년, 그는 체류 3년 만에 귀국길에 올라 정치적 입장을 달리하는 김옥균을 상하이에서 암살하고 이후 고종의 비호 하에 대한제국의 요직을 역임하다 1913년 63세로 세상을 떠났다. 홍종우는 김옥균을 암살했다는 씻을 수 없는 역사의 죄인으로 낙인 찍혀 있지만, 한때는 조선의 문화를 프랑스에 알리는 데 열과 성을 다했던 최초의 개화인이었다는 사실이 기메동양박물관 유물카드에 남아 있다.

홍종우·로니 공역 《춘향전》의 표지 (화봉책박물관 소장)

'향기로운 봄 Printemps Parfumé'이라는 제목으로 번역된 춘향전

087 호놀룰루아카데미미술관의 조선 목동자상

하와이의 호놀룰루아카데미미술관은 1927년에 개관된 미국 굴지의 미술관으로 6만여 점의 유물을 소장하고 있다. 박물관 창설자인 앤 쿡Anna R. Cook 여사는 자신의 평생 수집품을 기증하면서 개관사에서 이렇게 말했다.

> "하와이 원주민, 미국인, 중국인, 일본인, 한국인, 필리핀인, 북유럽인……. 다양한 국적과 인종의 우리 자녀들은 인류 공동의 매개체인 미술을 통하여 과거 역사를 바탕으로 새로운 문화가 이 섬에 뿌리내릴 수 있는 토대를 발견할 수 있게 될 것입니다."

앤 쿡 여사는 한국 미술에도 깊은 관심과 애정을 갖고 있어 개관 때부터 한국 전시실을 별도로 꾸몄고 오늘날에는 1천여 점을 소장하고 있다. 외국 박물관에서 한국 미술이 이렇게 대접받은 경우는 드물다. 소장품의 수준도 아주 높다. 신라·가야 도기, 명품 고려청자도 많고 보물급 백자달항아리도 있으며 고려불화 〈지장시왕도地藏十王圖〉도 세 폭이나 있다. 특히 궁중 장식화인 〈학과 선도仙桃 복숭아〉 12폭 병풍은 국내에도 없는 명작으로 지난 2007년에 국립문화재연구소에서 보존 처리되어 국립고궁박물관에서 잠시 전시된 바 있다.

소장품 중 내가 가장 감동받은 유물은 18세기 목동자상이었다. 본래 명부전에는 지장삼존과 시왕마다 한 명씩 시중드는 동자상이 배치된 바 그중 하나이다. 특히 이 목동자상은 천진스러운 얼굴, 고개를 살짝 숙인 공손한 자세, 귀여운 인체 비례, 따뜻한 나무 질감, 고색창연한 채색으로 가히 조선 후기 조각을 대표할 만하다.

최근에 국립문화재연구소에서 해외 한국 문화재 조사사업의 일환으로 이 미술관의 한국 미술품 전체 도록을 발간하였기에 여기에 실린 소장 경위를 읽어보니 1927년 개관 때 한국전시실을 빛내기 위하여 일본의 한 소장가에게 대여받아 전시한 뒤 곧바로 구입한 것이라 한다. 이후 목동자상은 이 미술관을 대표하는 유물 중 하나가 되어 내가 25년 전 방문했을 때도 엽서로 제작된 것이 있어 그때 사온 것이 지금껏 내 연구실에 꽂혀 있다.

목동자상
조선 18~19세기 · 높이 75.5cm · 미국 하와이 호놀룰루아카데미미술관

088　뉴욕 메트로폴리탄박물관의 용머리장식

　　외국 박물관에 진열되어 있는 한국 유물을 보면 어떤 것은 이국땅에서 우리 문화를 대변하고 있어 대견해 보이고, 어떤 것은 마치 국제대회에 동네 축구팀이 출전한 것 같아 민망스러워진다. 그중엔 해외에 있는 것보다 국내에 있어야 더 가치를 발할 수 있는 유물도 있다.

　　뉴욕 메트로폴리탄박물관이 소장하고 있는 고려시대 금동으로 제작된 용머리 토수吐首와 풍경風磬은 대단히 희귀한 유물이다. 토수는 목조건축에서 추녀 끝에 끼우는 장식을 말한다. 국내에는 안압지 출토품과 삼성미술관 리움에 한 점(보물 제781호) 소장된 것이 알려져 있을 뿐인데 풍경과 짝을 이룬 것은 이것이 유일하다.

　　용이란 뱀의 몸체, 잉어의 비늘, 돼지의 코, 소의 귀, 사슴뿔, 호랑이 이빨, 독수리 발톱, 말갈기 등으로 합성된 상상의 동물이다. 그래서 눈은 부리부리하고, 코는 큼직하고, 긴 입에 이빨이 드러나고, 머리엔 멋진 뿔이 장식되어 있다. 특히 이 용머리는 바짝 세운 눈썹과 입가에 날카로운 아가미가 달려 있어 더욱 신령스럽다.

　　몸통 속은 비어 있어 추녀에 끼울 수 있고, 아래턱에 고리가 있어 여기에 풍경을 달도록 되어 있다. 풍경은 범종의 형태로 연꽃 당좌撞座에 만卍자가 새겨져 있고 위쪽엔 종젖꼭지라고 불리는 종유鐘乳도 표현되어 있다. 입술은 네 개의 팔호가 연이어진 모양으로 예쁜 곡선을 그린다. 조각 형식으로 보아 고려 초 10세기 유물로 추정된다.

　　모든 예술 작품은 마무리 처리에서 승패가 결정된다. 탑의 상륜부와 건물 용마루 끝의 치미鴟尾를 황금으로 입히는 것과 마찬가지로 이 토수와 풍경을 추녀 끝에 단 건물은 대단히 화려하고 장엄했을 것이다. 필시 고려 궁궐의 어느 전각에 달렸던 것이라 추정되니 모르긴 몰라도 개성 만월대에서 출토된 것이리라.

　　메트로폴리탄박물관의 자료에는 1999년의 구입품으로 적혀 있다. 빠르고 정확한 정보만 있었다면 얼마든지 국내의 공·사립박물관이나 개인 컬렉션이 구입할 수 있었을 것이다. 너나없이 해외문화재 환수에 목소리를 높이면서 정작 이런 희귀한 유물을 놓쳤다니 아쉽기 그지없다.

용머리장식과 풍경
고려 10세기·(용머리장식) 높이 29.8cm (풍경) 높이 38.7cm·미국 뉴욕 메트로폴리탄박물관

089   뉴욕 메트로폴리탄박물관의 금동반가사유상

뉴욕 메트로폴리탄박물관은 근래에 가히 국보급이라 할 만한 삼국시대 금동미륵보살반가사유상 한 점을 구입하였다. 박물관 자료를 보면 2003년에 아넨버그재단 기부금으로 매입했다고 기록되어 있다. 높이 22.5cm의 미륵보살반가사유상은 이 박물관이 내세우는 자랑스러운 한국 미술 컬렉션의 하나가 되어 전시장 안내 푯말에는 특별히 설명문이 실려 있는데 문장이 아주 쉽고 친절하다.

명상에 잠긴 모습의 보살상은 인도, 중국, 한국, 일본에 이르는 전 지역에서 제작되었고, 대부분 미래를 상징하는 미륵보살이다. 한국에서는 이러한 유형이 6~7세기 삼국시대에 중요한 불교 아이콘으로 출현하였다. 그중 이 미륵보살반가사유상은 보존상태가 가장 우수할 뿐만 아니라 가장 장엄 spectacular하다고 할 만하며 여러 면에서 주목할 만한 특징이 있다. 보살이 앉아 있는 대좌는 이례적으로 10면체의 장방형인데 앞면은 치맛주름으로 감춰져 있지만 뒷면은 노출되어 있는 매력적인 투조透彫 디자인이다. 이러한 대좌 형식은 중국 당나라의 등나무 의자에서 유래된 것으로 추정된다. 보관의 태양과 초승달 모티프에는 중앙아시아 영향이 엿보인다. 곱게 땋은 머리단이 가운데서 갈라져 양어깨 위로 늘어져내린 것은 드라마틱한 직선 무늬를 보는 듯하다. 이에 반해 손가락과 발가락은 아주 나긋나긋하고 생기가 넘치게 표현되었다. 특히 오른쪽 엄지발가락의 생생한 표현은 마치 미륵보살반가사유상이 살아 숨 쉬는 듯한 기운을 불어넣어 주고 있다.

일류 박물관은 역시 다르다는 생각을 갖게 하는 명쾌한 해설이다. 삼국과 통일신라시대에는 실내 장엄을 위해 또는 호신불로 지니기 위해 높이 10~30cm의 작은 금동불상이 많이 제작되었다. 메트로폴리탄박물관만 해도 10여 점을 소장하고 있다. 특히 미륵보살반가사유상은 고구려와 백제는 아주 예가 드문데 신라에는 많다. 이는 화랑제도가 미륵신앙과 결합했기 때문인 것으로 생각된다. 그렇다면 이 미륵상은 중생을 제도하기 위한 모습일 뿐만 아니라 조국의 운명을 걱정하는 화랑의 고뇌를 담고 있는 것이기도 하다. 이방인들은 거기까진 얘기하지 않았다.

금동미륵보살반가사유상
신라 7세기 · 높이 22.5cm · 미국 뉴욕 메트로폴리탄박물관

090 보스턴미술관의 고려 은제 금도금주전자

미국과 유럽의 유명 박물관에서 한국실이 중국과 일본에 비해 형편없이 초라한 것을 보면 씁쓸한 감정이 일어난다. 중국실이 장대한 것은 그렇다치더라도 한국실이 일본실의 반의반도 대접받지 못하는 것은 차라리 억울하다. 이것은 국력의 문제이기도 하지만 실제로는 그들의 한국 미술품 컬렉션이 약하기 때문이다.

1876년에 개관한 보스턴미술관은 워싱턴의 스미스소니언협회, 뉴욕의 메트로폴리탄박물관과 함께 미국 내 동양 미술의 3대 컬렉션 중 하나로 꼽힌다. 일찍이 1890년에 일본실을 열었고, 1927년에는 아시아부로 확대 개편하면서 일본에 있던 페놀로사와 오카쿠라 텐신이 큐레이터로 초빙되었다. 이때 한국 유물도 전시되었고 특별기금도 마련하여 한국 미술품 수집에 적극 나섰다.

그러나 그 양은 아주 미미했다. 1892년에 구입한 에드워드 모스의 일본 도자기만도 5천 점이나 되는데 현재 미술관이 소장하고 있는 한국 미술품의 총량은 720점이다. 그러니 한국실이 빈약할 수밖에 없다. 그렇지만 보스턴미술관의 한국 미술품은 수준이 아주 높다. 서양인들이 한국 미술품을 처음 수집해갈 때는 특히 공예품에 매료되어 고려시대의 화려하고도 정교한 목칠, 금속, 도자 공예품에 집중했다. 이 미술관의 국화꽃과 넝쿨무늬가 아주 정교하게 새겨져 있는 고려 나전칠기염주합은 국내엔 한 점도 없는 고려 나전의 대표작이다.

특히 은제 금도금주전자 및 승반承盤은 고려시대 금속공예의 최고 명작으로 꼽힌다. 은으로 만든 다음 금으로 도금한 것인데 도금이 아주 잘 되어 마치 금주전자처럼 보인다. 중후한 느낌의 대통 모양 몸체에선 품위와 우아함이 물씬 풍긴다. 목에는 연꽃봉오리, 뚜껑에는 봉황을 더없이 정밀하게 조각해 장식했다. 이런 정교함을 위해서인지 몸통, 목, 뚜껑 세 부분이 따로 분리된다. 사용할 때는 주전자를 승반 속에 넣고 따뜻한 물을 담아 주전자의 술이 식지 않도록 했다.

2010년 국립중앙박물관에서 열린 '한국박물관 100주년 기념 특별전' 때는 마치 해외에 나가 있는 대표선수를 차출하듯 출품되어 똑같이 생긴 청자주전자 및 승반과 함께 비교 전시되어 깊은 감동을 주었다.

은제 금도금주전자
고려 12세기·높이 34.3cm·미국 보스턴미술관

미국과 일본에 있는 고려청자들

이상하게 들릴지 모르지만 지금 우리가 보고 있는 고려청자의 99퍼센트는 무덤에서 출토된 것이고 극히 일부만이 개성 만월대 궁궐터에서 나온 것이다. 고려왕조의 멸망과 함께 잊힌 고려청자의 존재를 우리가 다시 볼 수 있게 된 것은 독특한 장례풍습 덕분이었다. 고려 사람들은 돌아가신 분이 저승에서 부처님께 차를 공양할 수 있도록 다완을 넣어주었다. 혹은 찻주전자·향로·꽃병을 곁들이기도 했고, 술병이나 연적도 넣어주었다.

그런 청자가 세상에 본격적으로 모습을 드러낸 것은 개항 이후 미국과 유럽에서 민속자료를 수집하면서부터이다. 1882년 조미통상조약이 체결되자 미국 스미스소니언협회는 1884년 해군소위 버나도우를 파견했다. 이때 그가 워싱턴 내셔널갤러리에 보낸 물품 중에는 고려청자 한 상자가 들어 있었다. 도자기 컬렉터 에드워드 모스도 궁궐터에서 나온 청자를 구해 갔다.

그러다 1904년 경의선이 착공되면서 개성 부근에서 고려청자가 무더기로 쏟아져 나왔다. 일본인들은 다투어 높은 가격에 사들였다. 서울엔 곤도近藤라는 골동상점도 생겼다. 워싱턴의 프리어, 시카고의 타이슨, 클리블랜드의 루드로우 등이 한국에 와 고려청자를 수집해 갔다. 현재 미국 브루클린박물관에 소장되어 있는 환상적인 주전자도 이 무렵 반출된 것으로 보인다.

이후 개성과 강화도의 고려 왕릉과 고분들이 백주에 도굴되었다. 1905년 초대통감으로 온 이토 히로부미는 최고의 장물아비였다. 그는 청자를 닥치는 대로 사들여 메이지 일왕과 일본 귀족들에게 선물하였다. 그 숫자가 수천 점에 이른다. 그는 어느 날 고종황제를 만나면서 고려청자 한 점을 보여주었다. 그러자 고종은 "이 푸른 그릇은 어디서 만든 것이오?"라고 물었다고 한다. 그가 고려자기라고 대답하자 고종은 "이런 물건은 이 나라에 없는 것이오"라고 했다는 것이다. 상황이 이러하여 고려청자는 무한정 도굴되었다. 이처럼 우리가 아무 영문도 모르는 상태에서 일본, 유럽, 미국으로 수많은 국보급 고려청자들이 무더기로 실려 나갔다. 도굴 금지령이 내려진 것은 1916년의 일이다.

청자연꽃모양주전자
미국 브루클린박물관

청자상감연꽃무늬매병
미국 하와이 호놀룰루아카데미미술관

청자상감여지국화당초무늬대접
미국 샌프란시스코 동양미술관

청자양각연지수금무늬방형향로
미국 보스턴미술관

091   시카고미술관의 청자백조주전자

미국 시카고미술관은 1893년 시카고에서 개최된 세계박람회장 건물에 입주한 이래 유수한 컬렉터들의 기증을 받아 미국 3대 미술관으로 발전하였다. 특히 1921년에 찰스 켈리Charles Kelly라는 미술사가가 동양미술부장으로 취임하여 30여 년간 근무하면서 우수한 동양 미술 컬렉션을 많이 유치하여 중국 미술과 일본 우키요에浮世繪 컬렉션은 세계적인 명성을 갖게 되었다. 많은 양은 아니지만 한국 유물도 164점이 소장되어 있다. 1996년 한국국제교류재단의 의뢰를 받아 김광언·윤용이 교수와 함께 수장고까지 들어가 조사한 결과 도자기 139점, 회화 9점, 공예품 16점 등이 있었는데 고려청자는 아주 뛰어난 명품이 많았다.

시카고미술관의 한국 도자기들은 대부분 중국 도자기 컬렉터인 러셀 타이슨Russell Tyson(1867~1964)이 기증한 것이다. 그는 중국 상하이에서 태어나 하버드대학교를 마치고 시카고와 보스턴에서 부동산사업으로 성공한 중국 미술 컬렉터였다. 타이슨은 1920년에 사업차 한국을 방문했을 때 철도 공사장에서 인부들이 가지고 있는 몇 부대의 도자기가 너무도 아름다워 몽땅 구입했다고 한다. 약 90점이었다. 당시 그는 중국 청자는 수집을 통해 잘 알고 있었지만 듣도 보도 못한 고려청자가 이렇게 훌륭한 줄 몰랐다고 한다. 이 뜻밖의 횡재는 미국 컬렉터들 사이에 널리 알려져 부러움을 샀다.

그중에서 백조 모양을 한 청자주전자는 천하명품이다. 풍만한 몸체에 짧은 날개를 하고 긴 부리에 초롱초롱한 눈빛을 보여주는 백조 위에 의관을 갖춘 인물이 그릇을 받쳐 들고 있다. 백조의 꼬리는 두 가닥의 꽃줄기처럼 꼬인 상태로 인물의 등에 붙어 있어 주전자의 손잡이 구실을 한다. 세부 표현도 아주 섬세하여 목부터 날개까지 작은 깃털이 음각선으로 섬세하게 새겨졌다. 백조의 부리가 주구이고 빈 그릇이 주전자의 입이니 분명 뚜껑이 있었을 텐데 그 모양이 또 어떤 것이었을까는 상상조차 가지 않는 기발한 구성이다. 이런 환상적인 구성의 청자주전자는 국내에는 알려진 것이 없다.

청자백조주전자
고려 12세기 · 높이 21.4cm · 미국 시카고미술관

092 시카고미술관의 분청사기물고기무늬편병

미국 시카고미술관에 소장된 139점의 한국 도자기는 대부분 고려청자이지만 분청사기와 백자도 약간 있다. 그중 분청사기물고기무늬편병은 아주 희귀한 명품이다. 편병扁甁은 휴대용 술병으로 양옆을 평편하게 하여 망태 속에 넣고 다니기 편하게 디자인된 것이다. 고려 말 상감청자 때부터 나오는 기형이지만 조선 초 분청사기에 들어와서 크게 유행했다.

편병에는 갖가지 무늬를 다양한 기법으로 새겨 넣었다. 상감기법, 양각새김, 음각새김, 철화 그림 등이 두루 사용되었는데 대개 좁은 면에는 추상화된 꽃무늬로 테두리임을 나타내고 양쪽 둥근 면에는 연꽃, 모란꽃, 물고기 등을 그려 넣었다. 여기서 연꽃, 모란꽃은 앞 시대 상감청자의 전통을 이어받은 것이고 물고기 그림은 이 시대의 새로운 유행을 따른 것이다. 분청사기에는 유난히 물고기 그림이 많이 나온다. 거의 트레이드마크 같은 것이다. 왜 조선 초 분청사기에 물고기무늬가 그렇게 많이 나타났는지는 아직 명확히 밝혀지지 않았다. 다만 고려 귀족문화에서 조선시대 사대부문화와 서민문화로 옮겨가는 과정에서 생긴 취미와 기호의 변화였다는 것만을 알 수 있을 따름이다.

분청사기편병에 그려진 물고기의 모습은 아주 다양하다. 큼직하게 한 마리가 묘사되거나 두세 마리가 옆으로, 또는 아래위로 헤엄치는 것이 가장 일반적인 형태이고 ×자로 교차하는 기발한 구성도 있다. 그중 이 편병은 네 마리가 나란히 줄지어 가는데 한 마리가 반대 방향에서 몸까지 뒤집으면서 헤집고 끼어들고, 그 아래쪽에는 새끼 한 마리가 여유롭게 놀고 있다. 웃음이 절로 나오는 재미있는 구성이다. 한때 분청사기편병은 물고기 숫자에 따라 값이 매겨졌다고 하니 이 편병은 엄청 고가였을 것 같다.

시카고미술관에서는 이런 명품들이 아담한 한국미술실에 보기 좋게 전시되어 왔는데 한 유학생이 현지에서 내게 메일로 알려오기를 근래에 일본미술실을 확장하면서 한국미술품은 복도로 밀려나 초라하게 진열되어 있다며 "이럴 경우 우리는 어떻게 하나요?"라고 안타까워했다. 답이 없는 것은 아니지만 풀어가기 쉬운 문제는 아니다. 나도 씁쓸한 마음을 지울 수 없다.

분청사기물고기무늬편병
조선 15세기·높이 21.3cm·미국 시카고미술관

093 워싱턴 프리어갤러리의 청자표주박모양주전자

미국 워싱턴 스미스소니언협회는 미국 대통령을 위원장으로 하고 유력인사들로 위원회가 구성된 준정부기관이다. 영국 과학자 제임스 스미스슨 James Smithson(1765~1829)이 "나의 전 재산을 미국에 기증하겠다. 워싱턴에 교육재단을 설립해서 지식의 확대와 보급에 사용해달라"는 유언을 남겨 설립되었다. 이에 따라 스미스소니언박물관 콤플렉스에는 자연사박물관·국립미술관·미국사박물관·우주항공박물관, 아시아박물관 등 18개의 박물관과 9개의 연구소가 있다.

그중 아시아미술관인 프리어갤러리는 찰스 L. 프리어 Charles L. Freer(1856~1919)라는 실업가가 기증한 중국·일본·이란 등 아시아 여러 나라의 미술품 2만 7천 점을 소장하면서 1923년에 개관했다. 여기엔 한국 미술품도 570점 있다. 다른 나라에 비하면 양이 적지만 질은 아주 높다. 특히 고려청자 컬렉션이 뛰어나다.

그중 청자표주박모양주전자는 가히 국보급 명품이다. 표주박모양주전자는 고려시대에 크게 유행하여 많은 유물이 전하지만 이처럼 탄력 있는 볼륨감에 늘씬한 몸매를 자랑하는 것은 드물다. 비취빛 유색은 어찌나 투명한지 조명이 반사되어 사진으로는 몸체에 음각으로 새겨진 연꽃과 새털구름무늬가 잘 보이지 않는다.

게다가 곡선이 유려한 주구와 두 가닥 줄기를 꼬아 붙인 손잡이가 강한 대비를 이루고 있다. 마치 밀로의 비너스상이 매끄러운 몸매에 대비하여 옷주름을 거칠게 표현한 것과 같은 효과다. 거기엔 기능적인 면도 있다. 손잡이는 거칠어야 미끄러지지 않는다. 주구는 곡선을 이루고 있어 물을 부으면 물줄기가 '똑' 끊어져 옆으로 '질질' 흐르는 일이 없다. 또 손잡이 귓대부리에는 작은 고리가 있어 뚜껑의 꽃봉오리와 비단 끈으로 연결하여 뚜껑이 도망가지 않게 되어 있다. 고려청자 주전자에는 거의 다 이와 같은 연결고리가 달려 있다.

공예는 용과 미로 구성된다. 고려청자는 용과 미 모두에서도 뛰어난 공예품이었고 그중에서도 이 주전자는 만점을 받을 천하의 명품이다.

청자표주박모양주전자
고려 13세기 · 높이 35.6cm · 미국 프리어갤러리

094 워싱턴 프리어갤러리의 분청사기

미국 워싱턴 프리어갤러리의 한국실은 그동안 20평 규모에 30여 점만 전시되어 왔다. 중국·일본에 비해 양이 형편없이 빈약했지만 질은 아주 높았다. 특히 찰스 L. 프리어가 일본에서 수집한 분청 다완은 진귀한 것들이었다. 다완 하나하나가 명품이었다. 일본 다인茶人들은 일찍부터 분청사기에 매료되어 우리 분청을 이도井戸, 고히키粉引, 하케메刷毛目 등으로 세분하며 자기들 식으로 불렀다. 그중 미시마三島다완은 귀얄분청으로 붓놀림이 싱그러워 천연스러운 멋을 지니고 있고, 철화분청은 아무렇게나 그린 듯한 추상적인 초화무늬가 도공의 무심한 경지를 엿보게 한다.

20년 전 이야기다. 아침 일찍 프리어갤러리를 찾아가니 텅 빈 한국실 앞에서 제복을 입은 흑인 경비아저씨가 눈웃음을 보내왔다. 나는 예의 분청 다완들을 유심히 살펴보고 있는데 경비아저씨가 다가와 "당신도 분청을 좋아하십니까?"라고 묻는 것이었다. 나는 놀랍고 기쁜 마음에 대화를 나누게 되었다. 그는 체험적으로 동양 도자에 문리가 트여 있었다.

25년 전 그가 처음 이 미술관에 취직했을 때는 도자기에 대해 아무것도 몰랐단다. 그러나 몇 해 동양실에서 근무하다보니까 도자기가 저마다 표정이 있고 나라마다 느낌이 다르다는 것을 알게 되었단다. 처음엔 중국 도자기가 좋았는데 왠지 권위적이라고 느끼면서 점점 멀어지게 되었고, 대신 형태가 깔끔한 일본 도자기에 심취했단다. 그러나 얼마 안 가서 일본 도자기는 가볍다는 인상을 주어 싫증이 났다고 한다.

그리고 요즘엔 한국 도자기를 좋아한단다. 청자는 예쁘고, 백자는 부드럽고 분청사기는 친근함이 느껴진다고 했다. 특히 분청사기는 처음엔 불성실하다는 생각이 들었지만 보면 볼수록 자기 같은 사람을 위해 만든 듯한 욕심 없는 도자기 같다는 것이다. 그래서 요즘은 주로 한국실에 와서 경비를 서고 있단다. 그리고 오늘 퇴근하면 자기 아들에게 전화를 해서 나와 나눈 분청 이야기를 해줄 것이라며 좋아했다.

인생도처 유상수人生到處 有上手라는 감탄이 절로 나왔다.

미시마다완
조선 17세기 · 높이 8.4cm · 미국 프리어갤러리

브런디지 컬렉션의 고려청자

IOC 위원장을 20년간 지낸 애버리 브런디지Avery Brundage(1887~1975)는 1910
년대 미국에서 가장 우수한 만능 육상선수로 1912년 스톡홀름올림픽대회 10종
목에 출전했다. 한편 그는 자신의 이름을 딴 건설회사를 세워 억만장자가 되었는데
이 모든 것보다 그를 더 유명하게 만든 것은 뛰어난 동양 미술품 컬렉션이다.

미국 샌프란시스코 동양미술관 소장품 1만 7천 점 중 절반 가까이가 브런디
지 컬렉션이다. 그가 동양 미술에 심취한 것은 1936년 베를린올림픽대회 때 부대
행사로 열린 대규모 중국 미술 특별전을 본 것이 계기였다. 그는 꼬박 3일 동안 이
전시를 관람했다고 한다. 이후 곧바로 중국 미술품 수집에 들어갔고 나중에는 한
국·일본·베트남·인도네시아 등으로 영역을 넓혔다.

그의 컬렉션 7천여 점은 양도 양이지만 질에서 누구도 따라오지 못한다. 한
국 미술품으로는 삼국시대 오리모양도기, 통일신라 금동여래입상, 고려불화 아미
타팔대보살도, 조선 백자달항아리 등 국내에 있으면 보물로 지정되었을 명품이
많다. 특히 고려청자 컬렉션은 압권이다. 청자연꽃장식주전자는 12세기 인종 연
간 고려청자 전성기의 유물로 비취색 빛깔이 눈부시고 형태는 고고한 기품을 자
아내며 뚜껑의 연꽃무늬 조각은 정교하기 이를 데 없다. 천하의 명품이다. 혹자는
고려청자 전체 중에서 최고로 손꼽았고 혹자는 이 미술관 전체를 대표하는 명작
이라고 했다.

브런디지는 모든 일에서 110퍼센트를 달성하는 열정의 소유자였다고 하는데
동양 미술 컬렉션에서는 그 이상을 성취하였다. 그는 동양 도자사의 권위자인 고
야마 후지오小山富士夫의 자문을 받았고, 1968년 박정희 대통령을 예방했을 때는
당시 미 대사관 문정관으로 한국 미술품 수집가였던 그레고리 헨더슨도 만나 고
려청자 구입을 상담했던 것으로 알려져 있다.

그는 디트로이트 출신이지만 주위에서 조언하기를, 샌프란시스코는 동양을
연결하는 미국의 관문이기 때문에 여기에 동양미술관을 세우고 당신의 컬렉션을
전시하면 이 도시의 상징성과 격을 높여줄 것이라는 권유에 따라 기증하게 됐다
고 한다. 그 또한 현명하고도 위대한 선택이었다.

청자연꽃장식주전자
고려 11~12세기 · 높이 24.5cm · 미국 샌프란시스코 동양미술관

096 샌프란시스코 동양미술관의 책거리병풍

미국 미술관의 한국 미술 컬렉션을 보면 일반 감상화는 빈약한 데 반해 병풍이 아주 많다. 겸재 정선, 단원 김홍도 같은 대가들의 작품은 거의 볼 수 없지만 궁중장식화인 십장생, 모란, 책거리병풍과 화조화, 문자도 같은 민화 병풍 그리고 국내에서는 별로 알아주지 않는 구한말의 화가인 최석환崔奭煥의 〈포도〉 병풍과 양기훈楊基薰의 〈노안도蘆雁圖〉 병풍이 많이 전한다.

이는 서양인들이 작은 화첩 그림인 감상화에는 큰 관심이 없었지만 스케일이 크고 중국과 일본에서는 볼 수 없는 병풍 그림에서 더 한국적인 멋을 발견했음을 말해준다. 2011년 3월 뉴욕 크리스티에서 열린 한국 미술품 경매에서도 십장생·책거리·산수·화조 병풍이 아홉 틀이나 출품되었다. 미술품에서도 내수용과 수출용이 다를 수 있는 셈이다. 또 한편으로 생각해보면 그동안 우리는 조선시대 회화를 너무 감상화 위주로 보아오는 바람에 장식화의 가치를 다소 소홀히 본 면도 없지 않다.

미국 샌프란시스코 동양미술관의 책거리8폭병풍은 진짜 명품이다. 자를 사용하여 정밀히 그린 책가冊架에는 전적과 함께 산호 붓걸이·옥필통·옥도장·고급 찻잔·자명종 등 귀한 문방구와 장식품이 다 그려져 있다. 구성도 멋지고 묘사도 정확하다. 책거리병풍은 정조 이래로 크게 유행했다. 정조는 임금이 된 뒤 책을 멀리하게 되자 책거리병풍을 펴놓고 스스로를 경계했다고 한다. 정조 때 문인인 이규상은 〈일몽고一夢稿〉에서 단원은 책거리 그림에 능해 당대의 귀인치고 안 가진 자가 없었다고 증언했다. 그리고 투시도법에 대해서는 '서양 측량법'이라는 표현을 써가면서 한쪽 눈을 가리고 보면 더욱 입체감이 살아난다고 했다.

이 병풍에 그려진 도장을 보면 '이응록인'이라고 분명히 읽는다. 그런데 삼성미술관 리움 소장의 똑같은 책거리병풍에는 철종 때 화가인 이형록李亨祿이 똑같은 방식으로 이름을 나타낸 것이 있어 동일 인물이 숨은그림찾기 식으로 슬쩍 자기를 나타낸 것으로 생각된다. 이처럼 책거리병풍은 어엿한 화원이 궁중장식화로 그린 대작이기 때문에 조형성이 의심되지도 않으며, 더불어 오늘날 외국에서 당당히 한국 회화를 대표하고 있는 것이다.

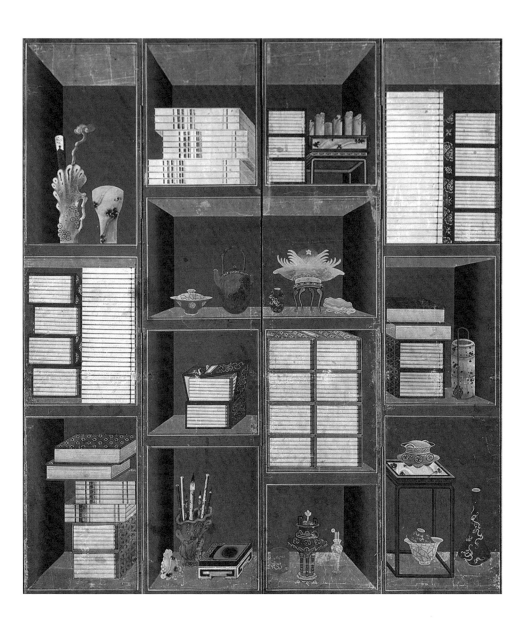

책거리8폭병풍(부분)
조선 19세기·각 162.9×33.5cm·미국 샌프란시스코 동양미술관

097 이종문아트센터와 까치호랑이항아리

골든게이트 파크에 있던 샌프란시스코 동양미술관은 2003년 3월, 시내 시청 앞의 유서 깊은 건물로 이전하면서 거의 두 배 크기로 확장되어 새로운 시대를 맞고 있다. 본래 도서관으로 사용되던 이 건물을 어떻게 사용할 것인가에 대한 시민 투표에서 동양미술관이 압도적인 지지를 받았다. 미술관 리노베이션을 위해서는 막대한 재원이 필요했다. 이때 재미교포인 이종문 회장이 1500만 달러를 흔쾌히 기부하여 원만히 이전하게 되었다. 그래서 고전적 기품을 갖고 있는 미술관 건물 정문 위에는 '동양미술관'과 함께 '동양 미술과 문화를 위한 이종문센터'라는 명패가 있다. 미국에는 기부자에 대한 예우를 이렇게 명예롭고도 확실하게 해주는 기부문화가 있다.

이종문은 1970년에 미국으로 건너간 재미사업가로 한때는 자살을 생각할 정도로 고전을 겪다가 다이아몬드컴퓨터시스템 회사를 설립하여 실리콘밸리의 성공 신화를 이루어냈다. 종근당 집안 사람인 그는 한국 교포 2, 3세의 민족교육을 위해 국내 대학에도 많은 기부금을 냈다. 뉴욕의 아시아소사이어티는 그를 '2005년 올해의 인물'로 선정하기도 했다. 그래서 미술관 앞에 서면 한국인으로서 자랑스러운 마음이 일어난다.

새로 옮긴 동양미술관 제21실과 제22실에는 삼국시대 도기, 고려청자, 분청사기, 책거리병풍, 궁중활옷 등 아름다운 한국 유물들이 품위 있게 진열되어 있다. 그중 백자청화까치호랑이항아리는 18세기 정조 연간에 제작된 분원백자로 대단한 명품이다. 우리에게 아주 친숙한 '까치와 호랑이'는 대개 데포르메이션이 심한 민화 작품들인데 이렇게 백자에 그려진 예는 국립중앙박물관과 온양민속박물관에 소장되어 있다. 고개를 돌린 호랑이, 늠름한 소나무, 유머 담긴 까치를 표현한 높은 회화성은 암만 보아도 당당한 화원의 솜씨임에 틀림없다. 푸른 기가 감도는 유백색 유약에는 빙렬氷裂도 없다. 이 항아리는 유명한 미술품 컬렉터였던 고 남궁련 회장이 기증한 것이다. 그는 생전에 국립중앙박물관에도 국보·보물급 유물을 많이 기증했는데 해외에서도 한국 미술이 당당한 대우를 받도록 이 유서 깊은 동양미술관에 기증한 것이었다.

백자청화까치호랑이항아리
조선 18~19세기·높이 40.6cm·미국 샌프란시스코 동양미술관

098

라크마의 오백나한도

　외국의 미술관에 소장된 한국 미술품 중에는 한국 미술사의 빼놓을 수 없는 명작도 많지만, 국내에는 전하지 않는 희귀한 미술사적 사료도 적지 않다. 그 하나가 로스앤젤레스카운티미술관(이하 라크마)인 라크마의 16세기 〈오백나한도〉이다.

　조선왕조는 유교를 주도적인 이데올로기로 삼고 강력한 억불정책을 실시하여 불교 미술이 쇠퇴할 수밖에 없었다. 그러나 천년을 이어온 불교의 전통이 강압적 정책으로 완전히 사라지는 것은 아니었다. 특히 중종의 계비이자 명종의 어머니인 문정왕후는 섭정을 하면서 불교를 비호하여 1550년에는 승과僧科를 부활시키고 보우普雨 스님 주도하에 서울 봉은사, 양주 회암사 등을 재건하였다. 이때 잠시간 조선 불화의 명작들이 여러 점 탄생했다.

　문정왕후는 나라의 평안, 왕의 무병장수, 자손의 번영을 발원하며 500폭의 나한도를 제작하였다. 그러나 현재 전해지는 것은 제153 덕세위존자德勢威尊者를 그린 라크마 소장의 〈오백나한도〉뿐이다. 오백나한도는 고려시대에도 성행했지만, 이 작품은 고려불화와 달리 불교도상이면서도 한편으로는 일반 감상화의 면모가 강하게 들어가 있다. 바위에 걸터앉아 두루마리 경전을 읽고 있는 나한을 그렸는데 당시 유행한 송하인물도에서 선비 대신 나한이 등장한 듯한 인상을 준다. 화면 위로는 멋진 소나무 가지가 운치 있게 드리워져 있고 인물 묘사가 정확하며 채색도 아주 품위 있다. 흔히 조선불화는 고려불화에 비해 질이 떨어지는 것으로 평가되고 있지만 문정왕후 시절 불화는 고려불화와는 전혀 다른 미학을 보여준다.

　아쉽게도 화가의 이름이 밝혀져 있지 않지만, 영암 월출산 도갑사의 〈관음32응신도〉(1550), 〈회암사 약사삼존도〉(1565), 미수 허목이 '이상좌의 불화'라고 증언한 스케치와 여러 면에서 공통점이 있어, 나는 비록 '감感'이지만 중종 때 노비 출신 화가인 이상좌의 작품으로 생각하고 있다. 이 작품은 2009년에 '한국 박물관 개관 100주년 기념 특별전'에 출품된 바 있다.

오백나한도 중 제153 덕세위존자
조선 16세기 · 45.7×28.9cm · 미국 로스앤젤레스카운티미술관

099

클리블랜드미술관의 한림제설도

미국 미술관의 한국실을 보면 대개 청자, 백자가 주류를 이루고 미술관에 따라 나전칠기, 고려불화 명품으로 한국 미술의 명성을 유지하고 있다. 이에 비해 회화는 약하다. 겸재 정선, 단원 김홍도 같은 대가의 본격적인 작품은 아주 드물다. 그런 중 클리블랜드미술관에는 양송당 김지의 〈한림제설도寒林霽雪圖〉라는 명화가 소장되어 있다. 양송당은 앞에서 〈동자견려도〉를 소개한 바 있는 조선 선조 때의 대표적인 화가이다. 조선시대 최고의 화론으로 꼽히는 남태응의 《청죽화사》에서는 아예 국초의 화가들은 이름만 남겼을 뿐이고 양송당이 사실상 회화의 지평을 연 첫 번째 화가라고까지 말했다.

눈 걷힌 겨울날의 산수를 그린 이 작품은 편화片畵가 아니라 전지 반절 크기의 본격적인 작품으로 필치가 아주 곱고 세련되었다. 특히 화면 왼쪽에 '갑신년 (1584) 가을에 양송거사가 안사확安士確을 위하여 한림제설도를 그리다'라는 관지款識가 한석봉체로 단정히 적혀 있고 그 아래에는 '계수季綬'라는 자字와 화가의 이름인 김지를 새긴 도장이 또렷이 찍혀 있다. 조선시대 회화사에서 도서낙관이 분명하고 작품 이름과 누구를 위하여 그린 것인가까지를 명확히 기록한 최초의 작품이다. 임진왜란 이전의 작품 중 안견의 〈몽유도원도〉 다음 가는 회화사적 의의를 지닌다.

이 그림은 일본 오사카의 야부모도 개인 소장품이었는데 1980년대에 이 미술관이 구입한 것이다. 당시 클리블랜드미술관은 중국, 한국, 일본 미술을 나라별이 아닌 회화, 조각, 도자기 등 장르별로 세 나라를 함께 전시하고 있었다. 《동양미술사》의 저자인 셔먼 리 관장과 한국 미술에 깊은 이해를 갖고 있던 수석큐레이터 마이클 커닝햄은 한국 유물의 양이 적어 부당한 대접을 받고 있다며 당시 유물 구입비의 80퍼센트를 한국미술품 구입에 배정했었다.

25년 전 커닝햄을 만나 값이 만만치 않았겠다고 말하자 후원자인 세브란스의 구입 기금이 있어 가능했다며 작품의 질을 생각하면 비싼 게 아니었다고 했다. 그러면서 화면 가운데 다리를 건너오는 인물을 가리키며 정말로 아름다운 그림이라며 감탄에 감탄을 더했다.

김지, 한림제설도
조선 1584년 · 52.3×67.2cm · 미국 클리블랜드미술관

100   클리블랜드미술관의 무낙관 그림

서양의 동양 미술사 전공자들이 한국 미술을 보는 시각은 크게 둘로 나뉜다. 하나는 중국과 일본에 비해 떨어지는 마이너리그라고 보는 것이고, 또 하나는 중국과 일본에서는 볼 수 없는 또 다른 미학을 갖고 있다는 견해다.

미국 클리블랜드미술관에서 동양미술부 수석큐레이터로 30여 년간 근무했던 마이클 커닝햄은 한국 미술의 절대적 지지자 중 한 분이다. 그는 대학에서 동양 미술사를 전공하고 박물관에 들어온 1970년대까지만 해도 한국 미술에 대해서는 잘 몰랐다고 한다. 책이나 도록도 적었고 미국 박물관에 유물이 많은 것도 아니어서 별로 눈에 띄는 것이 없었다는 것이다. 그러다 결정적으로 한국 미술에 눈을 뜨게 된 것은 1979년부터 3년간 미국 주요 미술관을 순회 전시한 '한국 미술 5천 년전'이 결정적 계기가 되었다고 한다. 그것은 동양 미술 세계의 새로운 발견 같은 충격이었다고 했다.

20년 전 클리블랜드미술관에서 처음 만났을 때 그는 유물창고에서 〈버드나무와 제비〉라는 무낙관 그림을 꺼내와 보여주었는데 아주 멋있는 그림이었다. 종이와 먹을 보면 17세기로 판명되는데 국적은 알아보기 힘들었다. 일본 그림은 분명 아니었다. 버드나무의 스스럼없는 필치는 조선식이고 떼 지어 나는 제비들에는 중국 냄새가 있었다. 한국 회화사가 전공인 나는 명나라 그림 같다고 했는데 동양 미술사가 전공인 그는 조선 그림으로 보았다.

그는 손가락으로 짚어가며 이렇게 설명했다. 늙은 버드나무는 자기 머리 위에 돌출된 바위가 있는 줄 모르고 위로 자라다가 절벽에 받혀 다치기를 수없이 반복한 다음 결국 옆으로 방향을 바꾸어 이처럼 상처 입은 고목이 되었다는 것이다. 그리고 새봄이 되자 싱싱한 가지를 맘껏 뻗으면서 흐드러진 아름다움을 자랑하는데 수십 마리의 제비가 나무의 생장과 봄을 축하하는 화려한 비행 축제를 벌이고 있는 그림이라면서 이런 여유로운 내용과 유머를 그는 중국 그림에선 본 적이 없다면서 그 은근한 멋을 고려하면 조선 그림일 수밖에 없다고 단정 지었다.

나는 그에게 '졌다You win'고 하고 내 주장을 거두어들였다.

작가 미상, 버드나무와 제비
조선 17세기·101.8×57.1cm·미국 클리블랜드미술관

도판목록 및 출처

	그림·글씨	
001	수월관음도. 비단에 채색, 고려 14세기, 세로 142.0cm 가로 61.5cm, 일본 센소지 소장	p.13
002	수월관음도. 비단에 채색, 고려 14세기, 세로 106.2cm 가로 54.8cm, 보물 제1426호, 아모레퍼시픽미술관 소장	p.15
	수월관음도 (일본 요주지 소장) 중 선재동자	p.16
	(위) 수월관음도(일본 개인 소장) 중 오른팔 부분의 흰 사라	p.17
	(아래) 수월관음도(일본 단잔진자 소장) 중 거북무늬 붉은색 법의	
003	지장보살삼존도. 비단에 채색, 고려 14세기, 세로 98.9cm 가로 50.2cm, 보물 제1287호, 개인 소장	p.19
004	오백나한도 중 제329 원상주존자. 비단에 담채, 고려 1235년, 세로 59.0cm 가로 42.0cm, 일암관 소장	p.21
005	안견, 몽유도원도. 비단에 담채, 조선 1447년, 세로 38.6cm 가로 106.0cm, 일본 덴리대도서관 소장	p.24
	몽유도원도 중 도원경 부분	p.23
006	작가 미상, 소상팔경도 중 제1경과 제2경. 종이에 수묵, 조선 1539년, 각 세로 98.3cm 가로 49.9cm, 일본 다이겐지 소장	p.27
	소상팔경도 중 제6~8경	p.28
	소상팔경도 중 제3~5경	p.29
007	이상좌, 송하보월도. 비단에 담채, 조선 16세기, 세로 190.0cm 가로 81.8cm, 국립중앙박물관 소장 (중박201106-355)	p.31
008	김지, 동자견려도. 비단에 담채, 조선 16세기, 세로 111.0cm 가로 46.0cm, 삼성미술관 리움 소장	p.33
009	김명국, 죽음의 자화상. 종이에 수묵, 조선 17세기, 세로 60.6cm 가로 39.1cm, 국립중앙박물관 소장	p.35
010	정선, 금강내산전도. 비단에 담채, 조선 18세기, 세로 33.0cm 가로 54.5cm, 성 베네딕도회 왜관수도원 소장	p.37
	정선, 함흥본궁송. 비단에 담채, 조선 18세기, 세로 28.8cm 가로 23.3cm, 성 베네딕도회 왜관수도원 소장	p.39
011	이인상, 설송도. 종이에 수묵, 조선 18세기, 세로 117.2cm 가로 52.9cm, 국립중앙박물관 소장 (중박201106-355)	p.41
012	김홍도, 병진년화첩 중 옥순봉. 종이에 담채, 조선 1796년, 세로 31.6cm 가로 26.6cm, 보물 제782호, 삼성미술관 리움 소장	p.43
	김홍도, 병진년화첩 중 도담삼봉. 종이에 담채, 조선 1796년, 세로 31.6cm 가로 26.6cm, 보물 제782호, 삼성미술관 리움 소장	p.44
	김홍도, 병진년화첩 중 버드나무 위의 새. 종이에 담채, 조선 1796년, 세로 31.6cm 가로 26.6cm, 보물 제782호, 삼성미술관 리움 소장	p.45
013	김홍도, 삼공불환도. 비단에 담채, 조선 1801년, 세로 133.7cm 가로 418.4cm, 보물 제2000호, 삼성미술관 리움 소장	p.48

삼공불환도 중 사대부 주택 부분   p.47

014 김정희, (위) 수선화부 탁본. 조선 19세기, 세로 23.5cm 가로 60.8cm, 제주 추사관 소장   p.51

(아래) 수선화부(부분). 종이에 묵, 조선 19세기, 세로 21.8cm 가로 205.2cm, 개인 소장

015 까치와 호랑이. 종이에 담채, 조선 후기, 세로 91.7cm 가로 54.8cm, 에밀레박물관 구장   p.53

016 박수근, 나무와 여인. 하드보드에 유채, 1956년, 세로 27.0cm 가로 19.5cm, 박수근미술관 소장   p.55

017 원효대사진영. 비단에 채색, 일본 무로마치 15세기, 세로 102.1cm 가로 52.6cm, 일본 고잔지 소장   p.57

018 의상대사진영. 비단에 채색, 일본 무로마치 15세기,세로 166.7cm 가로 63.8cm , 일본 고잔지 소장   p.59

019 반구대 암각화. 신석기, 그림 전체 높이 400.0cm 폭 800.0cm, 국보 제285호, 울산 울주 대곡리   p.62

반구대 암각화 중 고래 그림 부분   p.61

020 북한산 진흥왕순수비. 신라 568년, 서울 북한산 비봉, 비석 높이 155.5cm, 국보 제3호,   p.65

현재 국립중앙박물관 소장

021 황초령 진흥왕순수비(탁본). 신라 568년, 함남 함흥 소나무동, 비석 높이 115.0cm 폭 48.0cm   p.67

두께 21.0cm, 북한 국보 문화유물 제110호, 오세창 제 탁본, 서울대학교박물관 소장(탁본)

022 봉암사 지증대사적조탑비(탁본 중 부분). 통일신라 923년, 경북 문경 원북리, 비석 높이 273.0cm   p.69

폭 1.64m 두께 23.0cm, 국보 제315호, 개인 소장(탁본)

023 혜초, 왕오천축국전(부분). 통일신라 8세기, 총 길이 358.0cm 폭 42.0cm, 프랑스국립도서관 소장   p.71

024 정조어필, 정민시를 위한 송별시. 비단에 묵, 조선 1791년, 세로 75.1cm 가로 158.3cm,   p.73

보물 제1632-1호, 국립진주박물관 소장

025 김정희, 불광 현판. 조선 1850년 추정, 세로 162.0cm 가로 158.0cm, 은해사 소장   p.75

(사진: 불교문화재연구소)

026 (위) 수자기. 조선 19세기, 세로 430.0cm 가로 413.0cm, 미국 애나폴리스 해군사관학교박물관 소장   p.77

(아래) 바리야크 깃발. 연대 미상, 세로 200.0cm 가로 257.0cm, 인천시립박물관 소장

공예 · 도자

027 쇠뿔손잡이항아리. 원삼국 2세기, 높이 42.3cm, 호림박물관 소장   p.81

028 오리모양도기. 원삼국 3세기, (뒤) 높이 32.5cm, 국립중앙박물관 소장 (중박201106-355)   p.83

029 (왼쪽부터) 1)연꽃무늬 수막새. 백제 7세기, 지름 15.0cm, 국립중앙박물관 소장 (중박201106-368)   p.85

2)연꽃무늬 수막새. 백제 7세기, 지름 16.0cm, 국립중앙박물관 소장 (중박201106-368)

3)연꽃무늬 수막새. 백제 7세기, 지름 14.0cm, 국립중앙박물관 소장 (중박201106-368)

4)연꽃무늬 수막새. 백제 7세기, 지름 10.7cm, 국립중앙박물관 소장 (중박201106-368)

5)연꽃무늬 서까래기와. 백제 7세기, 지름 19.0cm, 국립중앙박물관 소장 (중박201106-368)

6)연화문 서까래기와. 백제 7세기, 지름 14.0cm, 국립중앙박물관 소장 (중박201106-368)

030 대릉원의 신라 고분군. 신라 4~5세기경, 경북 경주 황남동 (사진: 한국관광공사)   p.87

031 황남대총 북분 출토 금관. 신라 5세기, 높이 27.3cm, 국보 제191호, 국립경주박물관 소장   p.89

(경박201107-1075)

032 서봉총 출토 금관. 신라 5세기, 높이 30.7cm, 보물 제339호, 국립경주박물관 소장   p.91

(경박201107-1075)

033 황남대총 남분 출토 가슴걸이. 신라 5세기, 상하 길이 63.0cm, 국립경주박물관 소장   p.93

034 백제 금동대향로. 백제 6~7세기, 높이 64.0cm, 국보 제287호, 국립부여박물관 소장   p.95

백제 금동대향로 뚜껑 부분   p.96

035 왕흥사 사리함. 백제 6세기 후반, 동사리함 높이 10.3cm, 보물 제1767호, 국립부여문화재연구소 소장   p.99

036 미륵사 서탑 사리장엄구 일괄. 백제 639년, 사리외호 높이 13.0cm, 국립익산박물관 소장   p.101

037 미륵사터 출토 금동향로. 통일신라 9~10세기, 높이 30.0cm 폭 29.7cm, 보물 제1753호,   p.103

국립익산박물관 소장

038 삼채향로. 발해 9~10세기, (몸체) 높이 9.8cm 바깥지름 20.0cm (뚜껑) 높이 9.4cm 바깥지름 22.1cm,   p.105

중국 헤이룽장성 문물고고연구소 소장

039 성덕대왕신종. 통일신라 771년, 높이 3.7m 입지름 2.3m, 국보 제29호, 국립경주박물관 소장   p.107

040 자단목바둑판과 상아바둑알. 백제 7세기, (바둑판) 세로 49.0cm 가로 48.8cm 높이 12.7cm   p.109

(바둑알) 지름 1.4~1.7cm 두께 0.6~0.8cm, 일본 도다이지 쇼소인 소장

041 나전칠기염주합. 고려 13세기, 높이 4.4cm 지름 11.5cm, 미국 보스턴미술관 소장   p.111

042 청자사자장식향로. 고려 12세기, 높이 21.1cm, 국보 제60호, 국립중앙박물관 소장 (중박201106-355)   p.113

청자기린장식향로. 고려 12세기, 전체 높이 20.9cm (몸통) 높이 9.7cm 입지름 9.9cm 지름 18.0cm   p.114

(뚜껑) 높이 12.0cm 입지름 12.2cm, 아모레퍼시픽미술관 소장

043 2007년 태안 대섬 앞바다 수중의 고려청자 매장 상태 (사진: 국립해양문화재연구소)   p.117

  ◉   (위) 안좌도 침몰 선박의 선체 (아래) 신안 방축리 해저 출토 고려청자 7점 (사진: 국립해양문화재연구소)   p.119

044 금강산 출토 이성계 발원사리함. 고려 1390~1391년, (왼쪽) 은제도금탑형사리기 높이 15.5cm   p.121

(가운데) 은제도금팔각당형사리기 높이 19.8cm (오른쪽) 백자발 높이 17.5cm, 보물 제1925호,

국립춘천박물관 소장

045 분청사기철화연꽃무늬항아리. 조선 15~16세기, 높이 48.0cm 입지름 17.0cm 밑지름 22.0cm,   p.123

삼성미술관 리움 소장

046 백자청화매죽무늬항아리. 조선 15~16세기, 높이 29.3cm 입지름 10.7cm 밑지름 14.0cm,   p.125

국보 제222호, 호림박물관 소장

047 백자청화망우대잔받침. 조선 16세기, 높이 1.9cm 지름 16.0cm, 보물 제1057호, 삼성미술관 리움 소장   p.127

048 피맛골 출토 백자항아리. (왼쪽) 조선 15세기, 높이 35.5cm 입지름 16.0cm 밑지름 15.2cm   p.129

도판목록 및 출처

(오른쪽) 높이 36.5cm 입지름 16.9cm 밑지름 16.0cm (가운데) 높이 28.0cm 입지름 14.0cm

밑지름 13.3cm, 보물 제1905호, 서울역사박물관 소장 (사진: 한울문화재연구원)

049 백자철화끈무늬병. 조선 16세기, 높이 31.4cm, 보물 제1060호, 서재식 기증, 국립중앙박물관 소장   p.131

(중박201106-355)

050 백자철화용무늬항아리. 조선 17세기, 높이 48.0cm 지름 38.3cm, 개인 소장 (사진: 크리스티경매)   p.133

051 백자철화포도무늬항아리. 조선 18세기, 높이 53.3cm 입지름 19.4cm 밑지름 18.6cm, 국보 제107호,   p.135

이화여자대학교박물관 소장

052 백자달항아리. 조선 18세기, 높이 45.0cm 몸체지름 42.4cm 입지름 21.2cm 밑지름 15.9cm,   p.137

일본 오사카시립동양도자미술관 소장

053 백자진사연꽃무늬항아리. 조선 18세기, 높이 44.3cm 지름 34.5cm, 일본 오사카시립동양도자미술관 소장   p.139

조각·건축

054 목조반가사유상. 일본 아스카 7세기, 높이 84.2cm, 일본 고류지 소장   p.143

055 규암 출토 금동관음보살입상. 백제 7세기 전반, 높이 21.1cm, 국보 제293호, 국립부여박물관 소장   p.145

(중박201106-355)

056 철조비로자나불좌상. 고려 10세기, 높이 112.1cm, 국립중앙박물관 소장 (중박201106-355)   p.147

057 (왼쪽) 금동관음보살좌상. 고려 14세기, 높이 18.1cm, 보물 제1872호, 국립춘천박물관 소장   p.149

(오른쪽) 금동대세지보살좌상. 고려, 높이 16.0cm 폭 12.2cm, 보물 제1047호, 호림박물관 소장

058 금동지장보살좌상. 조선 1628년, 높이 9.5cm, 동아대학교박물관 소장   p.151

수종사 팔각오층석탑 출토 불·보살상. 조선 1628년, 높이 10.0cm 전후, 보물 제1788호,   p.152

불교중앙박물관 소장

059 불국사 석가탑. 통일신라 8세기 중엽, 높이 8.2m, 국보 제21호, 경북 경주 진현동 (사진: 김성철)   p.155

060 왕궁리 오층석탑. 백제 7세기, 높이 8.5m, 국보 제289호, 전북 익산 왕궁리 (사진: 김성철)   p.157

061 불국사 대웅전 앞 석등. 통일신라 8세기, 높이 3.1m, 경북 경주 진현동 (사진: 김성철)   p.159

062 영암사터 쌍사자석등. 통일신라 9세기, 높이 2.3m, 보물 제353호, 경남 합천 둔내리 (사진: 유홍준)   p.161

063 보림사 철조비로자나불좌상. 통일신라 858년, 높이 2.5m, 국보 제117호, 전남 장흥 봉덕리   p.163

(사진: 문화재청)

보림사 보조선사창성탑. 통일신라 884년, 높이 4.1m, 보물 제157호, 전남 장흥 봉덕리 (사진: 김효형)   p.164

보림사 보조선사창성탑비. 통일신라 884년, 전체 높이 3.5m, 보물 제158호, 전남 장흥 봉덕리   p.165

(사진: 김효형)

064 쌍봉사 철감선사탑. 통일신라 868년, 높이 2.3m, 국보 제57호, 전남 화순 증리 (사진: 김효형)   p.167

065 연곡사 동승탑. 통일신라 9세기, 높이 3.0m, 국보 제53호, 전남 구례 내동리 (사진: 김효형)   p.169

066 굴산사터 당간지주. 통일신라 9세기, 높이 5.4m, 보물 제86호, 강원 강릉 학산리 (사진: 김성철)　　　　p.171

067 첨성대. 신라 7세기, 높이 9.17m, 국보 제31호, 경북 경주 인왕동 (사진: 김성철)　　　　p.173

068 경복궁 행각 동남쪽에서 바라본 근정전. 조선 1867년 재건, 국보 제223호, 서울 세종로 (사진: 김성철)　　　　p.175

069 경복궁 영제교 서북쪽의 천록. 조선, 높이 80.0cm, 서울 세종로 (사진: 서헌강)　　　　p.177

070 근정전 월대 남동쪽 일층 멍엣돌의 석견. 조선, 전체 높이 78.0cm 석견 높이 37.0cm,　　　　p.179

서울 세종로 (사진: 김광혁)

071 경복궁 숙문당. 조선, 2005년 복원, 정면 3칸 측면 1칸 맞배지붕집, 서울 세종로 (사진: 서헌강)　　　　p.181

072 동궐도 중 주합루 일원. 조선 1830년경, 세로 273.0cm 가로 576.0cm, 국보 제249호,　　　　p.183

고려대학교박물관 소장

073 경복궁 근정전 전정의 박석. 조선, 사방 1.0m 내외, 서울 세종로 (사진: 김성철)　　　　p.185

074 (위) 제례를 준비 중인 제관들 (아래) 팔일무를 추는 무원을 매년 5월 첫째 일요일 거행,　　　　p.189

서울 훈정동 (사진: 김성철)

종묘 정전. 조선 1870년 완공, 정면 19칸 측면 3칸 겹처마 맞배지붕집, 국보 제227호,　　　　p.190

서울 훈정동 (사진: 김성철)

075 태조 건원릉. 조선 1400년, 단릉, 사적 제193호, 경기 구리 인창동 (사진: 서헌강)　　　　p.193

문정왕후(중종왕비) 태릉의 능침 (사진: 서헌강)　　　　p.194

효종 영릉의 무석인과 사도세자 융릉의 문석인 (사진: 서헌강)　　　　p.195

076 안압지 전경. 통일신라 674년, 경북 경주 인교동 (사진: 김성철)　　　　p.197

077 사천왕사 출토 녹유사천왕상전. 통일신라 679년, (상반신) 높이 90.5cm, 국립경주문화재연구소 소장　　　　p.199

(하반신) 높이 52.0cm, 국립경주박물관 소장

078 봉정사 대웅전. 조선 1435년 이전 건립, 정면 3칸 측면 3칸 다포계 팔작지붕집, 국보 제311호,　　　　p.201

경북 안동 태장리 (사진: 유로크레온)

079 만휴정. 조선 1500년, 정면 3칸 측면 2칸 팔작지붕집, 경북문화재자료 제173호,　　　　p.203

경북 안동 묵계리, (사진: 유홍준)

080 보길도 부용동 세연정. 조선 1639년, 정면 3칸 측면 3칸 팔작지붕집, 전남 완도 부황리　　　　p.205

(사진: 한국관광공사)

081 가천마을 다랑이논. 지정구역 227.5m², 국가 명승 제15호, 경남 남해 홍현리 (사진: 연합포토)　　　　p.207

해외 한국 문화재

082 백자달항아리. 조선 18세기, 높이 45.0cm 몸체지름 43.5cm 입지름 25.0cm 밑지름 15.5cm,　　　　p.211

영국박물관 소장

083 나전칠기경상. 조선 16~17세기, 높이 23.3cm 길이 58.7cm 폭 28.9cm, 독일 쾰른 동아시아박물관 소장　　　　p.213

084 고려 장신구들. 고려, 높이 2.3~3.1cm 폭 1.5~2.2cm, 지름 1.9~2.0cm,   p.215
프랑스 국립기메동양박물관 소장

085 철조천수관음상. 고려 말~조선 초 14~15세기, 높이 60.0cm 폭 60.0cm, 프랑스 국립기메동양박물관 소장   p.217

086 철제압출여래좌상. 조선, 높이 16.7cm 폭 9.5cm, 프랑스 국립기메동양박물관 소장   p.219

◉ 향기로운 봄 Printemps Parfumé(춘향전). 홍종우·로니 공역, 1892, 화봉책박물관 소장   p.221

087 목동자상. 조선 18~19세기, 높이 75.5cm, 미국 하와이 호놀룰루아카데미미술관 소장   p.223

088 용머리장식과 풍경. 고려 10세기, (용머리장식) 높이 29.8cm 폭 22.9cm (풍경) 높이 38.7cm   p.225
폭 18.4cm, 미국 뉴욕 메트로폴리탄박물관 소장

089 금동미륵보살반가사유상. 신라 7세기, 높이 22.5cm 폭 10.2cm 지름 10.8cm,   p.227
미국 뉴욕 메트로폴리탄박물관 소장

090 은제 금도금주전자. 고려 12세기, 높이 34.3cm 밑지름 9.5cm, 미국 보스턴미술관 소장   p.229

◉ 청자연꽃모양주전자. 고려 12세기, 높이 25.1cm 밑지름 14.0cm, 미국 브루클린박물관 소장   p.231
청자상감연꽃무늬매병. 고려 13세기, 높이 27.8cm 입지름 4.8cm 밑지름 10.6cm,
미국 하와이 호놀룰루아카데미미술관 소장
청자상감여지국화당초무늬대접. 고려 12~13세기, 높이 8.2cm 지름 20.3cm,
미국 샌프란시스코 동양미술관 소장
청자양각연지수금무늬방형향로. 고려 12세기 후반, 높이 10.8cm 길이 16.0cm 폭 14.0cm,
미국 보스턴미술관 소장

091 청자백조주전자. 고려 12세기, 높이 21.4cm, 미국 시카고미술관 소장   p.233

092 분청사기물고기무늬편병. 조선 15세기, 높이 21.3cm, 미국 시카고미술관 소장   p.235

093 청자표주박모양주전자. 고려 13세기, 높이 35.6cm 폭 22.1cm 지름 16.0cm, 미국 프리어갤러리 소장   p.237

094 미시마다완. 조선 17세기, 높이 8.4cm 폭 15.1cm 지름 15.1cm, 미국 프리어갤러리 소장   p.239

095 청자연꽃장식주전자. 고려 11~12세기, 높이 24.5cm, 미국 샌프란시스코 동양미술관 소장   p.241

096 책거리8폭병풍(부분). 종이에 채색, 조선 19세기, 각 세로 162.9cm 가로 33.5cm,   p.243
미국 샌프란시스코 동양미술관 소장

097 백자청화까치호랑이항아리. 조선 18~19세기, 높이 40.6cm 지름 33.0cm,   p.245
미국 샌프란시스코 동양미술관 소장

098 오백나한도 중 제153 덕세위존자. 비단에 채색, 조선 16세기, 세로 45.7cm 가로 28.9cm,   p.247
미국 로스앤젤레스카운티미술관 소장

099 김지, 한림제설도. 비단에 담채, 조선 1584년, 세로 52.3cm 가로 67.2cm, 미국 클리블랜드미술관 소장   p.249

100 작가 미상, 버드나무와 제비. 종이에 담채, 조선 17세기, 세로 101.8cm 가로 57.1cm,   p.251
미국 클리블랜드미술관 소장

List of Plates and Sources

	Painting · Calligraphy	
001	**Water-Moon Avalokiteśvara.** 14th Century(Goryeo Dynasty), 142.0×61.5cm, Sensoji Temple, Japan	p.13
002	**Water-Moon Avalokiteśvara.** 14th Century(Goryeo Dynasty), 106.2×54.8cm, Treasure No. 1426, Amore Pacific Museum of Art	p.15
003	**Kşitigarbha Triad.** 14th Century(Goryeo Dynasty), 98.9×50.2cm, Treasure No. 1287, Private Collection	p.19
004	**Portrait of 329th Arahat.** 1235(Goryeo Dynasty), 59.0×42.0cm, Ilamgwan Collection	p.21
005	**Dream Journey to the Peach Blossom Land by Ahn Gyeon.** 1447(Joseon Dynasty), 38.6×106.0cm, Tenri University Central Library, Japan	p.24
006	**Eight Views of the Hsiao and Hsiang Rivers.** 1539(Joseon Dynasty), Each 98.3×49.9cm, Daigenji Temple, Japan	p.27
007	**Walking Under a Pine Tree by Lee Sang-jwa.** 16th Century(Joseon Dynasty), 190.0×81.8cm, National Museum of Korea	p.31
008	**Boy Pulling a Donkey by Kim Ji.** 16th Century(Joseon Dynasty), 111.0×46.0cm, Leeum	p.33
009	**Self-Portrait of Death by Kim Myong-guk.** 17th Century(Joseon Dynasty), 60.6×39.1cm, National Museum of Korea	p.35
010	**Landscape of Mt. Geumgang by Jeong Seon.** 18th Century(Joseon Dynasty), 33.0×54.5cm, Order of St. Benedict Waegwan Abbey	p.37
	Pine Tree at the Old Palace of Hamheung by Jeong Seon. 18th Century(Joseon Dynasty), 28.8×23.3cm, Order of St. Benedict Waegwan Abbey	p.39
011	**Pine Tree in Snow by Lee In-sang.** 18th Century(Joseon Dynasty), 117.2×52.9cm, National Museum of Korea	p.41
012	**Oksunbong Peak by Kim Hong-do.** 1796(Joseon Dynasty), 31.6×26.6cm, Treasure No. 782, Leeum	p.43
	Dodamsambong Peak by Kim Hong-do.	p.44
	Bird on Willow Tree by Kim Hong-do.	p.45
013	**Nature better than Official Ranks by Kim Hong-do.** 1801(Joseon Dynasty), 133.7×418.4cm, Treasure No. 2000, Leeum	p.48
014	**Narcissus by Kim Jeong-hui.** 19th Century(Joseon Dynasty), 23.5×60.8cm, Jeju Chusa Memorial Museum	p.51
015	**Tiger and Magpie by Unknown Painter.** 19th Century(Joseon Dynasty), 91.7×54.8cm, Emile Museum	p.53
016	**Tree and Women by Park Su-geun.** 1956, 27.0×19.5cm, Park Soo Keun Museum	p.55
017	**Portrait of Buddhist Monk Won-hyo.** 15th Century(Muromachi Period), 102.1×52.6cm, Gojanji Temple, Japan	p.57
018	**Portrait of Buddhist Monk Uisang.** 15th Century(Muromachi Period), 166.7×63.8cm, Gojanji Temple, Japan	p.59
019	**Bangudae Petroglyphs in Ulju County.** Neolithic Period, 400.0×800.0cm,	p.62

National Treasure No. 285, Daegok-ri, Ulsan

020 Stele of King Jinheung in Mt. Bukhan. 568(Silla Kingdom), H. 155.5cm, p.65
National Treasure No. 3, National Museum of Korea

021 Rubbed Stone Inscription of the Stele of King Jinheung in Hwangchoryeong North p.67
Korea. 568(Silla Kingdom), H. 115.0cm, Rubbed Stone Inscription by Oh Se-chang,
Seoul National University Museum

022 Stele of Buddhist Monk Jijeung at Bongamsa Temple. 923(Unified Silla Kingdom), p.69
H. 2.7m, National Treasure No. 315, Bongamsa Temple

023 Record of Travels in the Five Indian Regions by Hyecho(part). 8th Century(Unified Silla p.71
Kingdom), 42.0 × 358.0cm, National Library of France

024 Poem by King Jeongjo. 1791(Joseon Dynasty), 75.1 × 158.3cm, Treasure No. 1632, p.73
Jinju National Museum

025 Wooden Tablet 'Buddha's Light' by Kim Jeong-hui. ca. 1850(Joseon Dynasty), p.75
162.0 × 158.0cm, Eunhaesa Temple

026 General Flag of 'Su'. 19th Century(Joseon Dynasty), 430.0 × 413.0cm, p.77
United States Naval Academy Museum

Russian Flag of the Variag. 200.0 × 257.0cm, Incheon Metropolitan City Museum

Crafts · Pottery

027 Jar with Horn-Shaped Handles. 2nd Century(Proto-three Kingdoms Period), H. 42.3cm, p.81
Horim Museum

028 Duck-Shaped Pottery. 3rd Century(Proto-three Kingdoms Period), H. 32.5cm, p.83
National Museum of Korea

029 Roof-End Tiles of Baekje Kingdom. 7th Century(Baekje Kingdom), D. 10.7~19.0cm, p.85
National Museum of Korea

030 Large Royal Tombs of Silla Kingdom. ca. 4~5th Century(Silla Kingdom), p.87
Hwangnam-dong, Gyeongju

031 Gold Crown from Hwangnamdae-chong Tomb. 5th Century(Silla Kingdom), H. 27.3cm, p.89
National Treasure No. 191, Gyeongju National Museum

032 Gold Crown from Seobong-chong Tomb. 5th Century(Silla Kingdom), H. 30.7cm, p.91
Treasure No. 339, Gyeongju National Museum

033 Necklace from Hwangnamdae-chong Tomb. 5th Century(Silla Kingdom), L. 63.0cm, p.93
Gyeongju National Museum

034 Gilt-Bronze Incense Burner of Baekje Kingdom. 6~7th Century(Baekje Kingdom), p.95
H. 64.0cm, National Treasure No. 287, Buyeo National Museum

035 Bronze Sarira Reliquary Set from Wangheungsa Temple Site. Late 6th Century(Baekje p.99
Kingdom), H. 10.3cm, Treasure No. 1767, National Research Institute of Cultural Heritage

036 Artifacts in Reliquary from West Pagoda of Mireuk Temple. 639(Baekje Kingdom), p.101
External Sarira Container H. 13.0cm, Iksan National Museum

037 Gilt-Bronze Incense Burner of Baekje Kingdom from Mireuk Temple Site.   p.103
9~10th Century(Unfied Silla Kingdom), 30.0 × 29.7cm, Treasure No. 1753,
Iksan National Museum

038 Tri-Color Glazed Incense Burner. 9~10th Century (Balhae Kingdom), D. 22.1cm,   p.105
Research Institute of Culture and History in Heilongjiang, China

039 Sacred Bell of the King Seongdeok. 771(Unified Silla Kingdom), H. 3.7m D. 2.3m,   p.107
National Treasure No. 29, Gyeongju National Museum

040 Rosewood Go Board and Ivory Go Piece. 7th Century(Baekje Kingdom),   p.109
(Board) 48.8 × 49.0 × 12.7cm (Piece) D. 1.4~1.7cm, Shosoin, Japan

041 Lacquered Flower-Shaped Box. 13th Century(Goryeo Dynasty), H. 4.4cm D. 11.5cm,   p.111
Museum of Fine Arts, Boston, USA

042 Celadon Incense Burner with Lion-Shaped Lid. 12th Century(Goryeo Dynasty),   p.113
H. 21.1cm, National Treasure No. 60, National Museum of Korea

Celadon Incense Burner with Unicorn-Shaped Lid. 12th Century(Goryeo Dynasty),   p.114
H. 20.9cm, Amore Pacific Museum of Art

043 Underwater View of Celadons from a Shipwreck in Daeseom Island   p.117

044 Buddhist Reliquary Donated by Joseon's Founder from Mt. Geumgang.   p.121
1390~1391(Goryeo Dynasty), Octagonal Pagoda-Shaped Casket H. 19.8cm,
Treasure No. 1925, Chuncheon National Museum

045 Buncheong Jar with Peony Scroll Design. 15~16th Century(Joseon Dynasty),   p.123
H. 48.0cm D. 17.0cm(mouth) D. 22.0cm(base), Leeum

046 Blue and White Porcelain Jar with Plum Tree and Bamboo Design.   p.125
15~16th Century(Joseon Dynasty), H. 29.3cm D. 10.7cm(mouth) D. 14.0cm(base),
National Treasure No. 222, Horim Museum

047 Blue and White Porcelain Dish. 16th Century(Joseon Dynasty), H. 1.9cm D. 16.0cm,   p.127
Treasure No. 1057, Leeum

048 White Porcelain Jars from Ruins in Seoul. 15th Century(Joseon Dynasty),   p.129
ca. H. 28~36.5cm, Treasure No. 1905, Seoul Museum of History

049 White Porcelain Bottle with Rope Design. 16th Century(Joseon Dynasty), H. 31.4cm,   p.131
Treasure No. 1060, Donated by Seo Jae-sik, National Museum of Korea

050 White Porcelain Jar with Dragon Design. 17th Century(Joseon Dynasty), H. 48.0cm   p.133
D. 38.3cm, Private Collection

051 White Porcelain Jar with Grapevine Design. 18th Century(Joseon Dynasty),   p.135
H. 53.3cm D. 19.4cm(mouth) D. 18.6cm(base), National Treasure No. 107,
Ewha Womans University Museum

052 White Porcelain 'Moon Jar'. 18th Century(Joseon Dynasty), H. 45.0cm D. 42.4cm,   p.137
Museum of Oriental Ceramics, Osaka, Japan

053 White Porcelain Jar with Lotus Flower Design. 18th Century(Joseon Dynasty),   p.139
H. 44.3cm D. 34.5cm, Museum of Oriental Ceramics, Osaka, Japan

List of Plates and Sources

Sculpture · Architecture

054 **Wooden Pensive Seated Bodhisattva.** 7th Century(Asuka Period), H. 84.2cm,   p.143
Koryuji Temple, Japan

055 **Gilt-Bronze Standing Avalokiteśvara.** 7th Century(Baekje Kingdom), H. 21.1cm,   p.145
National Treasure No. 293, Buyeo National Museum

056 **Iron Seated Vairocana.** 10th Century(Goryeo Dynasty), H. 112.1cm,   p.147
National Museum of Korea

057 **Gilt-Bronze Seated Avalokiteśvara.** 14th Century(Goryeo Dynasty), H. 18.1cm,   p.149
Treasure No. 1872, Chuncheon National Museum

    Gilt-Bronze Seated Mahāsthāmaprāpta. Goryeo Dynasty, H. 16.0cm, Treasure No. 1047,
Horim Museum

058 **Gilt-Bronze Seated Kṣitigarbha from Octagonal Five-story Stone Stupa at Sujongsa**   p.151
Temple. 1628(Joseon Dynasty), H. 9.5cm, Dong-a University Museum

    Gilt-Bronze Buddhas·Bodhisattvas from Octagonal Five-story Stone Stupa at   p.152
Sujongsa Temple. 1628(Joseon Dynasty), ca. H. 10.0cm, Treasure No. 1788,
Central Buddhist Museum

059 **Three-story Stone Pagoda at Bulguksa Temple.** 8th Century(Unified Silla Kingdom),   p.155
H. 8.2m, National Treasure No. 21, Gyeongju

060 **Five-story Stone Pagoda in Wanggung-ri.** 7th Century(Baekje Kingdom), H. 8.5m,   p.157
National Treasure No. 289, Iksan

061 **Stone Lantern before Great Shrine Hall of Bulguksa Temple.** 8th Century(Unified Silla   p.159
Kingdom), H. 3.1m, Gyeongju

062 **Twin-Lion Stone Lantern of Yeongamsa Temple Site.** 9th Century(Unified Silla Kingdom),   p.161
H. 2.3m, Treasure No. 353, Hapcheon

063 **Iron Seated Vairocana in Borimsa Temple.** 858(Unified Silla Kingdom), H. 2.5m,   p.163
National Treasure No. 117, Jangheung

    Stone Stupa of Buddhist Monk Bojo. 884(Unified Silla Kingdom), H. 4.1m,   p.164
Treasure No. 157, Jangheung

    Stele of Buddhist Monk Bojo. 884(Unified Silla Kingdom), H. 3.5m, Treasure No. 158,   p.165
Jangheung

064 **Stupa of Buddhist Monk Cheolgam at Ssangbongsa Temple.**   p.167
868(Unified Silla Kingdom), H. 2.3m, National Treasure No. 57, Hwasun

065 **Buddhist Monk Stupa in Yeongoksa Temple.** 9th Century(Unified Silla Kingdom), H. 3.0m,   p.169
National Treasure No. 53, Gurye

066 **Flagpole Supports of Gulsansa Temple Site.** 9th Century(Unified Silla Kingdom), H. 5.4m,   p.171
Treasure No. 86, Gangneung

067 **Cheomsungdae, Astronomical Observatory.** 7th Century(Silla Kingdom), H. 9.17m,   p.173
National Treasure No. 31, Gyeongju

068 **View of Main Throne Hall of Gyeongbokgung Palace.** Rebuilt in 1867(Joseon Dynasty),   p.175

National Treasure No. 223, Seoul

069 **Cheonrok, Imaginary Animal in Gyeongbokgung Palace.** Joseon Dynasty, H. 80.0cm,   p.177
      Seoul

070 **Mythical Figurines at the Main Throne Hall in Gyeongbokgung Palace.**   p.179
      Joseon Dynasty, H. 78.0cm, Seoul

071 **Pavilion for Enshrining the Spirit Tablets of Royal Ancestors in Gyeongbokgung**   p.181
      Palace. Joseon Dynasty, Seoul

072 **Drawing of the East Palace.** ca. 1830(Joseon Dynasty), 273.0 × 576.0cm,   p.183
      Korea University Museum

073 **Rough Granite Plates under Front Court of Gyeongbokgung Palace.**   p.185
      Joseon Dynasty, Seoul

074 **Jongmyo Jerye(Ceremony of Royal Ancestral Rite)**   p.189
      Jongmyo(Main Shine of Joseon Dynasty).   p.190
      Joseon Dynasty, National Treasure No. 227, Seoul

075 **Tomb of King Taejo(Joseon's Founder).** 1400(Joseon Dynasty), Historic Site No. 193, Guri p.193
      Tomb of Queen Munjeong(the wife of the 11th King of the Joseon Dynasty)   p.194
      Stone Images of Military and Civil Official in front of Tombs   p.195

076 **View of Anapji, Artificial Pond in Gyeongju.** 674(Unified Silla Kingdom), Gyeongju   p.197

077 **Glazed Brick Embossed with Four Heavenly Kings from Sacheonwang Temple.**   p.199
      679(Unified Silla Kingdom), H. 142.5cm, Gyeongju National Museum

078 **Great Shrine Hall of Bongjeongsa Temple.**   p.201
      Before 1438(Joseon Dynasty), National Treasure No. 311, Andong

079 **Manhyujeong, Pavilion Built by Kim Gye-haeng.**   p.203
      1500(Joseon Dynasty), Gyeongsangbuk-do Cultural Heritage Material No. 173, Andong

080 **The Seyeon Pavilion in the Garden of Yun Seon-do.** 1639(Joseon Dynasty), Bogil Island   p.205

081 **Gacheon Village and Stair-Shaped Rice Paddies.**   p.207
      Designated Area 227.554m², Scenic Site No. 15, Namhae

Overseas Korean Cultural Properties

082 **White Porcelain 'Moon Jar'.** 18th Century(Joseon Dynasty), H. 45.0cm, British Museum,   p.211
      England

083 **Lacquered Low-Table(Stretched·Folded).** 17 Century(Joseon Dynasty),   p.213
      23.3×58.7×28.9cm, Museum of East Asian Art in Cologne, Germany

084 **Ornaments.** 14~15th Century(Goryeo Dynasty), H. 2.3~3.1cm,   p.215
      Guimet National Museum of Asian Arts, France

085 **Iron Thousand-Armed Bodhisattva.** 14th Century(Goryeo Dynasty), 60.0×60.0cm,   p.217
      Guimet National Museum of Asian Arts, France

086 **Iron Relief of Seated Buddha.** 1585(Joseon Dynasty), 16.7×9.5cm,   p.219
      Guimet National Museum of Asian Arts, France

List of Plates and Sources

● **Printemps Parfumé.** Translated by Hong Jong-woo and J. H. Rosny, 1892(Joseon Dynasty),   p.221
Hwabong Book Museum

087 **Wooden Buddhist Altar Attendant.** 18~19th Century(Joseon Dynasty), H. 75.5cm,   p.223
Honolulu Academy of Arts, USA

088 **Rafter Finial in the Shape of a Dragon Head and Wind Chime.**   p.225
10th Century(Goryeo Dynasty), H. 29.8cm, Metropolitan Museum, USA

089 **Gilt-Bronze Pensive Seated Bodhisattva.** 7th Century(Silla Kingdom), 22.510.2 × 10.8cm,   p.227
Metropolitan Museum, USA

090 **Gilt-Silver Ewer.** 12th Century(Goryeo Dynasty), H. 34.3cm, Museum of Fine Arts, Boston,   p.229
USA

● **Celadon Ewer with Lotus Petal Design.** 12th Century(Goryeo Dynasty),   p.231
H. 25.1cm D. 14.0cm(base), Brooklyn Museum of Art
Celadon Maebyeong with Inlaid Lotus Design. 13th Century(Goryeo Dynasty),
H. 27.8cm D. 4.8cm(mouth) D. 10.6cm(base), Honolulu Academy of Arts, USA
Celadon Bowl with Inlaid Design. 12~13rd Century(Goryeo Dynasty),
H. 8.2cm D. 20.3cm, Asian Art Museum of San Francisco, USA
Celadon Rectangular Incense Burner with Impressed Lotus and Duck Design.
Late 12th Century(Goryeo Dynasty), 10.8 × 16.0 × 14.0cm, Museum of Fine Arts, Boston, USA

091 **Celadon Ewer with Bird Shape Design.** 12th Century(Goryeo Dynasty),   p.233
H. 21.4cm, Art Institute of Chicago, USA

092 **Flask with Fish Design.** 15th Century(Joseon Dynasty),   p.235
H. 21.3cm, Art Institute of Chicago, USA

093 **Celadon Gourd-Shaped Ewer.** 13th Century(Goryeo Dynasty),   p.237
35.6 × 22.1 × 16.0cm, Freer Gallery of Art, USA

094 **Tea Bowl in Mishima Type.** 17th Century(Joseon Dynasty),   p.239
8.4 × 15.1 × 15.1cm, Freer Gallery of Art, USA

095 **Celadon Ewer with Lotus-Shaped Lid.** 11~12nd Century(Goryeo Dynasty),   p.241
H. 24.5cm, Asian Art Museum of San Francisco, USA

096 **Scholar's Accoutrements(part).** 19th Century(Joseon Dynasty),   p.243
162.9 × 33.5cm, Asian Art Museum of San Francisco, USA

097 **Blue and White Porcelain Jar with Tiger and Magpie Design.**   p.245
18~19th Century(Joseon Dynasty), H. 40.6cm, Asian Art Museum of San Francisco, USA

098 **Portrait of 153rd Arahat by Lee Sang-jwa.** 16th Century(Joseon Dynasty),   p.247
45.7 × 28.9cm, Los Angeles County Museum of Art, USA

099 **Snowscape with Figures by Kim Ji.** 1584(Joseon Dynasty),   p.249
67.2 × 52.3cm, Cleveland Museum of Art, USA

100 **Willow Tree and Swallows by Unknown Painter.** 17th Century(Joseon Dynasty),   p.251
101.8 × 57.1cm, Cleveland Museum of Art, USA

유홍준

1949년 서울에서 태어났다. 서울대학교 미학과, 홍익대학교 대학원 미술사학과(석사), 성균관대학교 대학원 동양철학과(박사)를 졸업했다. 1981년 동아일보 신춘문예에 미술평론으로 등단한 뒤 미술평론가로 활동하며 민족미술인협의회 공동대표, 제1회 광주비엔날레 커미셔너 등을 지냈다. 1985년부터 2000년까지 서울과 대구에서 '젊은이를 위한 한국미술사' 공개강좌를 10여 차례 갖고 한국문화유산답사회 대표를 맡았다. 영남대학교 교수 및 박물관장, 명지대학교 교수 및 문화예술 대학원장, 문화재청장을 역임하고 현재 명지대학교 미술사학과 석좌교수로 있으며, 명지대학교 한국미술사연구소장을 맡고 있다.

미술사 저술로《국보순례》,《명작순례》,《유홍준의 한국미술사 강의》(전 4권),《추사 김정희》,《조선시대 화론 연구》,《화인열전》(전 2권),《완당평전》(전 3권), 평론집으로《80년대 미술의 현장과 작가들》,《다시, 현실과 전통의 지평에서》,《정직한 관객》, 답사기로《나의 문화유산 답사기》(전 19권) 등이 있다. 간행물윤리위 출판저작상(1998), 제18회 만해문학상(2003) 등을 수상했다.

유홍준의 美를 보는 눈 I
국보순례

초판 1쇄 발행 2011년 8월 10일
초판 13쇄 발행 2022년 10월 20일

지은이	유홍준
펴낸이	김효형
펴낸곳	(주)눌와
등록번호	1999. 7. 26. 제10-1795호
주소	서울시 마포구 월드컵북로16길 51, 2층
전화	02. 3143. 4633
팩스	02. 3143. 4631
페이스북	www.facebook.com/nulwabook
블로그	blog.naver.com/nulwa
전자우편	nulwa@naver.com
편집	김선미, 김지수, 임준호
디자인	엄희란

책임 편집	최은실
표지 디자인	글자와 기록사이
본문 디자인	R2D2 visual

제작진행	공간
인쇄	더블비
제본	대흥제책

© 유홍준, 2011

ISBN 978-89-90620-53-8 03900